青春文学精品集

幸福是
作业本上的评语

《语文报》编写组　选编

时代文艺出版社

图书在版编目（CIP）数据

幸福是作业本上的评语 / 《语文报》编写组选编.
-- 长春：时代文艺出版社，2022.3
（青春文学精品集萃丛书. 幸福系列）
ISBN 978-7-5387-6985-2

Ⅰ.①幸… Ⅱ.①语… Ⅲ.①作文－中小学－选集
Ⅳ.①H194.5

中国版本图书馆CIP数据核字(2022)第028938号

幸福是作业本上的评语

XINGFU SHI ZUOYEBEN SHANG DE PINGYU

《语文报》编写组　选编

出 品 人：陈　琛
责任编辑：邢　雪
装帧设计：任　奕
排版制作：隋淑凤

出版发行：时代文艺出版社
地　　址：长春市福祉大路5788号　龙腾国际大厦A座15层（130118）
电　　话：0431-81629751（总编办）　0431-81629755（发行部）
官方微博：weibo.com/tlapress
开　　本：650mm×910mm　1/16
字　　数：135千字
印　　张：11
印　　刷：永清县晔盛亚胶印有限公司
版　　次：2022年3月第1版
印　　次：2022年3月第1次印刷
定　　价：38.00元

图书如有印装错误　请寄回印厂调换

编 委 会

主　　编：刘应伦

编　　委：刘应伦　赵　静　李音霞

　　　　　郭　斐　刘瑞霞　王素红

　　　　　金星闪　周　起　华晓隽

　　　　　何发祥　朱晓东　陈　颖

　　　　　段岩霞　刘学强

本册主编：杨　珊　牟善鑫

Contents
目 录

最好的礼物

浓浓的爱

爱的回音壁

家乡的色彩

幸福是作业本上的评语

温情的对话

最好的礼物

藏宝记

杜　赫

　　童年的记忆是很珍贵的，童年的趣事也少不了，每一个人多多少少都有些童年趣事，我的童年趣事会让你忍俊不禁。

　　小时候，听人说如果把一样重要的东西放入一个小盒子里，许多年之后再挖出来，那就是文物。我就想，如果我也把一样东西埋进去，以后再挖出来给我的子子孙孙，岂不是光宗耀祖？就这样，我经过慎重考虑之后，把二十元钱放到一个精美的铁盒里，找了一块"风水宝地"，埋了进去，我四处打量了一下，确定没人看到，然后又拍拍土，做了一个标记，想着我的美梦上学去了。

　　许多天过去了，我忽然想起了我的宝藏，上次的标记做得不够结实，万一找不到了怎么办？于是，我急忙跑去藏宝的地方，想不到，前一阵子的土路，转眼变成了黑漆漆的柏油路。唉，这下可好了，不仅宝贝挖不出来，反而赔了一个精美的铁盒，真是赔了夫人又折兵。

　　童年趣事令人难忘，多年后回忆起来一定还是开怀大笑，笑自己的天真、可爱。

跟　踪

高浩原

放学回家的路上，昏暗的路灯发着微弱的光，狭长的小路上人烟稀少，来往的人们脚步匆匆。有一个人似乎和我的脚步一样，所以我得出了一个小小的结论：有人在跟踪我。

我很害怕，到底是什么人在跟踪我？是坏人？是鬼？我越想越怕，在心里不停地念叨着："老天爷呀，你可要保护我呀，我保证以后再也不会因为吃麻辣烫回家这么晚了。"我从书包中拿出一袋好吃的，然后扔在地上，想用好吃的分散那家伙的注意力，然后大步向家跑去。

可是，跟踪我的人好像并没有被好吃的吸引，他也跑了起来。我不敢回头，越跑越快，终于回到家里。我急匆匆地冲进家门，对妈妈说："我被人跟踪了！"就在这时，突然有人敲门，难道跟踪我的坏人还敢追到家里来？我拿出了玩具枪，拉着妈妈的手去开门。打开门，我才发现站在门口的人原来是爸爸！

难道那刚刚跟踪我的人是爸爸？我正想问爸爸，谁知他笑着抱起了我："刚刚你跑什么呀？我专门去接你，却怎么都追不上你！"

我的妈呀，原来是虚惊一场呀！

捡 废 品

秦 蓓

学校要求每个学生都捡废品交给学校，这些废品可以是啤酒瓶子、废报纸、铝、铁等。听了老师布置的任务，当时我就想：捡废品，这多丢脸呀！一个小学生在垃圾堆边捡东西，别人看见了会说什么呢？因为有这样的想法，所以一连好几天我都没有行动。可是，看看别的同学都捡了许多，我也着急了。看来不捡不行了！

星期天下午，我来到人们常倒垃圾的地方。走近垃圾堆，一股难闻的气味直往我鼻孔里钻。我在那堆垃圾旁转了一圈，发现了一块废铁。我正准备捡起来往篮子里丢时，几个身穿西服的年轻人从对面走过来，看了我一眼，还相互对话。这时我觉得脸上火辣辣的，不知如何是好。由于慌张，我把铁一下子丢进了污水里，口里胡乱地嘀咕："脏死了，不在这儿找了。"那几个年轻人走到垃圾堆边，没有再看我，继续朝前走了。

我看他们走远了，又去捡那块铁。可是老天爷好像故意和我作对一样，我刚把那块铁提到水沟边准备洗，几个干部模样的人就从公路上走来。这怎么办呢？我急得一身是汗，急忙把那块铁扔到水里，然后把手伸进水里，低下头，装着洗手，头都不敢抬，生怕他们知道我在捡废铁。不知过了多久，我觉得没有动静了，才站起来，把那块铁洗干净装进篮子。捡了这一块以后，我又一连捡了好几块废铁。

正当我捡得起劲时，"哈哈哈"的笑声从不远处传来。我心里一紧，猛一抬头，原来是我们班上的几个同学。这怎么行啊？他们看见了会在班上说我的，不行，我得找个地方躲起来。我看见旁边有一块菜田，便飞也似的向那边跑去。我从来没有跑过这么快，简直像一只被打慌了的兔子似的。

就这样，我由于怕别人笑话而躲躲藏藏，结果只捡了四块废铁、五个啤酒瓶子。

最好的礼物

张金龙

嘿，真棒！数学考试得了一百分！妈妈眉开眼笑，鼓励我以后继续努力，还奖励了我三元钱。

我跑在大街上，老远，眼睛就紧紧地盯住了那个冰柜：你好，我来了！三步并作两步，跑到卖冰激凌的阿姨面前，没说一句话，一手交钱，一手交货。我拿着两支冰激凌，迫不及待地想品尝那美妙的滋味，可又突然停了下来。我想起我们的刘老师，她累得倒在了讲台上，住进了医院。老师可真好，整天和我们在一起，不厌其烦地给我们讲课，帮我们答疑，牺牲了多少自己的时间！一次，我有病耽误了两周课，是刘老师用了几个晚上，外加一个星期天的时间，为我补课。要是上课耽误了吃饭，她就随便买点儿什么，凑合了事。这个一百分还有她的心血啊！我干脆买点儿水果，去医院看望老师。我一摸兜，一下子泄了气，除了那份试卷，再就是手里的两支冰激凌，完全是个穷光蛋！唉……

有办法了！退掉冰激凌，不就有水果了吗？我重新走到冰柜前，向卖冰激凌的阿姨说明了情况，并郑重声明：退货仍是原封包装，没动一丝一毫——以少先队员的名誉保证！阿姨笑了笑，把三元钱轻轻地放到我的手里，问："冰激凌和老师，此刻，你更爱谁呢？""那还用问，当然是老师喽！"我摆摆手，跑进商店，买完水果，只觉得喉咙冒烟，难受极了。我知道，"冰激凌瘾"又开始发作了。我一边走，一边看着冰柜，脚一滑，身子一歪，"扑通"一声跌倒在地上，水果掉了满地。看着摔坏了的水果，我哭了。

唉，躺在医院的老师啊，我，我拿什么去看望您呢？明明知道没有钱，可我还是摸遍了全身上下的兜，最后只摸到了那张数学卷子。怎么办？

嘿！这鲜红的一百分，不正是最好的礼物吗？想到这里，我破涕为笑，站起身来，拍拍身上的泥土，飞一般地朝医院跑去。

许　　愿

司　南

　　一连几天的阴雨天终于在黄昏时变晴了。晚饭后，我特意来到院子里，看了看久违了的晴朗夜空。今晚的月亮又大又圆，无数大大小小的星星镶嵌在黛青色的天幕上，眨巴着可爱的眼睛。我正看得入了迷，忽然东南方的天空上划过了一颗闪亮的流星，它拖着长长的尾巴，犹如突然间划着的一根火柴。我猛然想起，奶奶说过，在流星落下之前，快速地许下一个心愿，愿望就能实现……我心中念叨已久的一个心愿已经默默许下了。我的这个心愿也是全班同学的心愿，那就是希望我们的王老师能快点儿回来。

　　是啊！王老师离开我们远赴日本探亲已经二十天了。在这些日子里，我们每天都在想念她——想念她灿烂的笑容，想念她动听的声音。每次语文课的上课铃响过，我们都希望走进教室的是王老师。带着几许满足和几多期待，我进入了梦乡。我梦见王老师真的回来了，同学们围着她问这问那，王老师给我们讲了许多在日本的见闻，还带回来许多樱花，要给我们每人一朵呢……

　　第二天早上，我早早地来到学校，快步走进教室，我见教室里没有昨晚梦中的情景，又向同学们打听，同学们都摇了摇头。昨晚的愿望怎么没实现呢？是我心不诚还是流星落得太快了呢？眼泪在我眼眶里直打转。

晚上，当天空中的星星模模糊糊地出现时，我就坐在院子里盯着天空，等待着流星的再次出现……

签字的故事

彭浩宇

早上起来，睡眼蒙眬，哎呀，英语课的字还没签呢，我掏出英语书，用超快的速度读给妈妈。读完后，妈妈满意地点了点头："嗯……不错。"

到了学校，英语老师散步一样检查签字。我心里一片光明，反正签了字了，此时没签的同学都自觉站了起来。我翻开英语书，啊！发生了一件令人郁闷的事，妈妈竟然没签字。老师晃晃悠悠地走了过来。啊，怎么办呀？真是欲哭无泪。

"我读了，我妈没给签！"说完我觉得不如不说。

"站起来！"

哇！我考了全班第一。老师让同学们把卷子拿回家签字，哼哼，根本不用愁，回到家我把试卷"啪"一声扣在桌上，妈妈拿着试卷不住点头，"不错，不错，给你签字！"于是，中性笔龙飞凤舞地写下四个字：继续努力！

好痛苦啊！数学考了八十三分，可是呀，老师又让签字，我只得把试卷递给妈妈，连正眼都不敢看她一眼。不过妈妈还算"宽宏大量"，只是淡淡地说："下次努力。"

老师只在意一个"阅"字，难道"阅"就能提高成绩吗？我不明白。

爸爸妈妈，回来吧

王　丹

　　春节刚过，爸爸妈妈又要去外地打工，请隔壁的一位老奶奶代为照顾我和弟弟的生活。临走前，妈妈再三嘱咐我："丹丹，我们走后，你就是一家之长了，你可要好好地管教你弟弟哟！"我无可奈何地点了点头。

　　为了造房子、置家具、过上富裕的生活，爸爸妈妈常年在外地奔波操劳，一年中最多只有两个月待在家里。可弟弟是个有名的淘气鬼，学习不认真，还经常打架闹事，惹大家生气。

　　每天放学后，我都要先督促弟弟认真地完成作业，然后才能做自己的作业。一不留神，弟弟就会溜出去，我得出去找好半天，才能把他找回来吃饭。

　　记得一个星期六的下午，弟弟吃完午饭出去后，一直到晚上还不见他回来。我和老奶奶急得在村子里到处找。八点多，弟弟拎着一串螃蟹满身污泥地回来了，原来他与一位伙伴去挖了一下午的蟹，顺便又在他家吃了晚饭。我真想狠狠地打他一巴掌，结果自己倒先哭了起来。

　　老奶奶虽然给了我们很大的帮助，可她毕竟代替不了父母呀。前天晚上，我被"哎哟、哎哟"的呻吟声惊醒，起床一看，弟弟肚子疼，疼得脸色发青，头上直冒冷汗。我吓呆了，怎么办呢？深更半夜的，吵醒老奶奶，我觉得过意不去。上医院？路那么远，我一个女孩子……望着弟弟那痛苦的神情，我一咬牙，背起他，深一脚浅一脚地向医院走去……别人总说我长得像个大人了，可弟弟在我背上就像一座山似的，压得我喘不过气来。我走走歇歇，近半小时才到了医院。医生说弟弟得了严重的肠胃炎，要住院吊盐水。我噙着泪水，呆呆地陪着弟弟，直到天亮……第二天，老师总是批评我上课不专心。

回来吧，爸爸妈妈！我不想住洋房，不想坐摩托车，不想玩游戏机，我只希望我们一家人快乐地生活在一起！

爸爸妈妈，回来吧！

我渴望友谊

徐 瑶

我本是一名普普通通的学生，无忧无虑地生活在一个由三十二位同学组成的班集体中。早上和小伙伴们一块儿上学，傍晚和同学们一块儿回家，课间和大家一起活动。上了五年级，我们班换了一位新班主任，不知怎么的，竟让我这个个子小、成绩又差的小不点儿当班长。老师还语重心长地对我说："咱们班纪律差，你一定要认真负责啊。"

为了班级的荣誉，为了老师对我的信任，我自从当了班长以后，就忙着维持班里的纪律。渐渐的，我发现同学们和我疏远了。男同学常常捉弄我，因为我把他们的名字记上了班级日记；女同学漠视我，因为这样一个不起眼的小不点儿却当上了班长，成了班主任的"大红人"；甚至我的好朋友也一个个离开了我。同学们和我之间好像隔了一堵厚厚的墙，我一到哪里，同学们就像躲瘟神似的避开我。

那一天课外活动时，老师要求女同学三两个一组打羽毛球。老师话音刚落，同学们马上就找好了伙伴，拿起羽毛球拍去玩了。同学们玩得可高兴啦，可我像被遗忘了似的，一个人孤零零地站在操场上。初冬的寒风迎面吹来，吹得我直发抖，我觉得自己就像一只受伤而独行的孤雁。

同学们，你们能还给我友谊吗？让我这只掉队的孤雁重新回到雁群中吧。其实我觉得自己并没有做错，身为班长，帮助老师管理好班级的纪律，那是理所当然的事呀。虽然我常进出办公室，但是我从不向老师打小报告，甚至同学们给我取绰号、割断我的跳绳这些事，我都没有告诉老师。虽然我是班长，但是我从不放松对自己的要求，违反了纪律，照样挨批评……我想同学们大概认为我的成绩差，或者身上还有很多很多的缺点，不够资格当班长吧！可是我也在努力啊，也想为我们的班级出一份力啊！

同学们，当你们有说有笑的时候，有没有注意到躲在角落里一声不吭的那个小不点儿呢？那就是我呀！老师见我整天愁眉苦脸、闷闷不乐的样子，几次把我叫去，要我开朗点儿……是啊！我何尝不想让自己开心点儿呢，可是我每天生活在学校里，每天面对的是你们，如果你们不理解我，那我怎么高兴得起来呢？

理解我吧，同学们！我多么希望能得到你们的友谊，多么想再和你们一起游戏，一块儿上学，一起回家呀！

爸妈，请听我说

夏 野

"我不是你们说的那种坏小孩，我现在的想法已经超出超出你们的时代……"屋里飘来阵阵悲哀的歌声。屋外的我，心里如歌声一样悲哀，呆呆地望着那弯新月。月亮不像从前那样皎洁了，它变得暗淡无光，似乎在向我诉说，似乎在为我哭泣……

"你就考这样的成绩！……"爸爸那充满怒气的话回响在我的耳旁。我的心在隐隐作痛。"你这孩子，真不听话！"我真没想到，平时爱我、疼我、宠我的妈妈会说出这样的话。难道考不了第一就要挨骂吗？我真弄不懂爸爸妈妈的心。

昨天，我们数学考试，平时位居榜首的我这次一落千丈——只考了个第五名！于是便招来了爸爸妈妈的批评和责备。

晚上六点半，我准时打开电视看动画片《小蜜蜂》。没想到刚打开电视机，爸爸便走过来，"啪"的一声关掉了电视机。那充满怒气的脸似乎使我明白了什么，我只好慢慢地走进自己的房间。身后传来"砰"的关门声，继而是爸爸的声音："……考了个第五，还想看电视……"我实在听不下去了，捂着脸跑出屋子。

我望着空中那闪烁的小星星，它们似乎在对我说："不要泄气。天下无难事，只怕有心人。"我听了勇气倍增。可当我想到父母那冷漠的脸时，心中的勇气就泄了一半。

爸爸妈妈，我知道你们望子成龙，可你们真的关心过自己的儿子吗？！在我的心陷入深谷的时候，需要的是关怀与支持，而不是批评和责备！

爸爸妈妈，请听我说："我不是你们说的那种不听话的坏小孩儿！"

小 徐 老 师

徐丽丽

　　我从小的理想就是当一名老师。我读四年级的时候，终于如愿以偿地拥有了一群"小学生"，他们都是邻居家的小孩儿。

　　每天放学以后，我就把他们召集来，让他们坐在院子当中，各自带个小板凳，算是课桌，上面还依次放着白纸和铅笔。我教他们认识"a、o、e"，给他们讲有趣的故事，还带他们一起游戏。那帮"学生"快活得像一群小天使，小院子里总是充满欢乐的笑声。

　　记得我第一次教他们学拼音，有位特别调皮的小女孩儿叫小玲，她不像其他小孩儿那样安分，一会儿玩玩铅笔，一会儿又把纸卷起来，好久没写几个字。我立刻把眼一瞪，叫她站起来，狠狠地训了她一顿。小玲哪见过这场面呀，吓得哭了起来。我一看，心里也很紧张，于是我努力把脸绷得紧紧的，装出一副严肃相，小玲只好乖乖地坐下开始写字。

　　该下课了，"学生们"抄写完字母，我给他们打了分数，还给每个"学生"发了奖品——只不过是一块糖罢了。在发奖的时候，我故意挑了一块最不好吃的糖给了小玲，她看了看自己手中的，又看了看别人的，小嘴噘得能挂上个油瓶，眼泪又忍不住流了出来。我看着她的那副委屈相，忍不住偷偷地笑了……

现在，我已经读五年级了，经历的事情也多了，这反而更让我怀念那段岁月，更让我懂得那份心情的美妙与可贵！

我的那帮“学生”现在大多进了幼儿园，可他们见了我，还会用甜甜的嗓音叫我一声：“小徐老师！”每当这时，我便觉得自己是世界上最幸福的人，长大后，我一定要当一名平凡而伟大的教师！

老师的眼睛

汪亚飞

我爱老师，我更爱老师那双明媚的眼睛。老师的眼睛明亮美丽，和蔼可亲；老师的眼睛炯炯有神，明察秋毫；老师的眼睛，充满智慧、热情，使人奋进！

老师的眼睛，是心灵的窗口，是爱的喷泉，她用眼睛把关爱洒向我们。

上课的时候，她的眼睛是那样的明亮，她的眼光向下面巡视，好像在告诉我们："现在上课了，请大家集中精力，认真听讲！"当同学们听得认真、学得起劲的时候，老师的眼睛里闪烁着亲切的光芒，那眼神使大家更加努力了。假如同学们上课开小差、做小动作、乱讲话，老师的眼睛里又放射出威严的光芒，催人上进，使那些同学马上改正了错误。

每当我们取得成功的时候，老师的眼睛是那么美丽，那么欢乐，同时又提醒我们不要骄傲。每当我们受到挫折、遇到困难的时候，老师的眼睛又是那样深情，那么沉静，像温暖的阳光洒在我们身上，促使我们勇敢地从地上爬起来，去战胜困难。

老师的眼睛，是明媚的阳光，是春天的雨露，是催人奋进的号角，它随时都在关注着我们，给我们信心，给我们力量，使我们在成长的道路上一步一个脚印地向前挺进。

老师，我忘不了您那辛勤的教导，忘不了您对我的关心和爱护，更忘不了您那双装满智慧、慈爱的眼睛！

有趣的龙哥

赵　丽

　　五年级时，我们班新换了一位社会老师。因为他姓龙，而且个头儿绝不低于打篮球的樱木花道，更重要的是，他与我们很亲近，所以，同学们亲切地称呼他为"龙哥"。龙哥小小的眼睛，哑哑的声音，慈慈的笑，都给我留下了非常深刻的印象。

　　龙哥给我们上第一节课的情景，我至今还记得。刚打铃，他便站在了教室门口。因为他"海拔"太高，所以，进门时还要把头稍稍地低一下才行。当时，我就坐在挨着门口的座位上，想看到他的脸，还要把头仰得高高的才行。龙哥走向讲台时，身子还往前一倾一倾的，和小鸡啄米一样，有趣极了！他一上讲台，嘈杂的教室顿时变得鸦雀无声。

　　大约过了五秒钟，龙哥突然大喊一声："上——课——！"这一喊，吓得我们"唰"地一下，像椅子上安了弹簧一样，齐刷刷地被"弹"了起来。

　　龙哥讲课的时候才有趣哩！讲着讲着，他突然把手向前一翻，腰一弓，说："请这位同学回答问题。"那样子就像个风度翩翩的绅士，真逗人！还有一次，龙哥讲《开国大典》那一课，当讲到毛主席宣布新中国成立时，他庄严地学着毛主席的样子，用纯正的湖南口音说："中华人民共和国中央人民政府今天成立了！"话音刚落，教室里顿时沸腾起来了！有的议论纷纷，有的鼓掌叫好，有的大声喊："再来一次！"

虽然现在龙哥已经不教我们了，但是那些男生在学校碰到他，总不忘说一声："龙哥好！"而他，先是一愣，然后就憨憨地一笑，说："你们好！"

如今回想起过去的社会课，我总会高兴得笑出声来。

有趣的一课

戎 燕

上课铃声刚响，张老师托着一个果盘走进教室，盘内摆放着七只苹果，个个色泽鲜艳，散发着诱人的香味。她说，这节课将带领大家认识一下苹果家族中几个不同的成员。

咦？苹果家族？大家赶紧睁大眼睛侧耳倾听。

"盘子中间个儿最大、红得最为可爱的是红星苹果。这种苹果是中熟品种，而四川的黄魁是早熟品种，每年六月初就能上市。"张老师娓娓道来，"右边紧挨着红星苹果、果蒂粗短的是富士。这个品种水分多，味甜好吃。大多数水果店都把这一成员待为上宾，还会竖一个'正宗红富士'的标牌。"

张老师又指了指盘子左侧，说："色黄，皮上有星星一样的小点儿的是金帅。向阳一面发红的是国光。它又分'大国光''小国光'两个分支。国光苹果水分多，甜中略带点儿酸，大人们很喜欢吃……"

时间不知不觉过去了，很快就要下课了。

张老师微笑着说："苹果含有丰富的糖类、维生素和人体需要的矿物质，是世界四大水果之一，又称'记忆之果'。它是温带果树，适宜在沙壤中生长，长江以北的省份大都栽培苹果，山东烟台苹果最为闻名。两三千年前我们的祖先就开始种植、食用、研究苹果，我国苹果的种植面积居世界首位。""哇——"同学们惊呼起来。

最后，张老师说："今天，老师给你们介绍的还只是苹果家族的一小部分，目前我国已栽培了一百多个品种。当然，如果你们有兴趣的话，也可以对苹果进行研究，让苹果家族越来越壮大。"

给桌子的一封信

孙起杭

亲爱的桌子:

你好!

今天我给你写信是因为我想给你道歉。你陪着我这么多年,我却伤害了你很多次,在这里我给你说一声对不起。

咱们两个已经相处很久,算是老朋友了。可是我上次却狠狠地伤害了你。

记得有一次,我因为数学课没带算题的本子,就在你那漂亮的衣服上算题。现在回想起来,你那时候应该在默默地掉眼泪吧。如今,你身上全是被画过的痕迹。

还有一次,我因为后面有一个同学在挤我,我狠狠地撞到了你的身上。之后,我用你跟后面的桌子撞了个头破血流,你的一条腿还被撞了下来。我想你现在应该还在生我的气。请你原谅我吧,看在我之后小心翼翼地把你的腿又接上的份儿上。

我知道,也不断地抱怨过自己为什么没有好好保护你,因此我一直都很愧疚。同时,你大方地让我在你的身体上写作业,我很感谢你。

好了，今天就聊到这里，改天我有时间再跟你聊吧。

祝你天天快乐！

你的主人：孙起杭

感　动

程　刚

生活就像一个万花筒，五彩缤纷，有人快乐，有人伤心，有人后悔……有那么一件事，至今让我感动不已。

有一天，我早早地来到了学校。呀，怎么这么早就有这么多的同学来了？我脑子里全是问号。坐到了座位上，全班同学都在认真地复习着，连一向学习不认真的范浩琪都认真复习着。我压着嗓子问我的同桌："怎么今天那么多人在复习？""因为今天要语文月考呀。"他头也不抬地回答道。"什么？今天语文月考？"我顿时睁大了眼睛。"对呀，怎么，你忘了？""嗯。"我回答道。

我赶紧检查考试必备的东西。"呀，尺子和铅笔跑哪儿去了？"我着急起来了。"没有了尺子，阅读题让画线的时候用什么画呀。"我自言自语地说。

铃声响了，只见语文老师拿着一摞试卷走了进来，说："今天语文题非常多，阅读题就有三道，请大家抓紧时间写。"妈呀，还有三道阅读题呢，我没有尺子和铅笔，这画线题的分数就要这样丢掉了？不行，我一定要把画线题完成！可是大家都在考试，我不能打搅他们呀。

对了，借我同桌的，可是他很小气，平时什么小东西都不肯借。正当我犹豫怎么开口向他借时，他却先开口了："是不是尺子和铅笔忘带了？我借给你。"说完，他把自己的尺子和铅笔给了我。怎么，平时小气的他，今天却这么大方？我画完以后，还给了他，并且向他道了谢 。

这已经是几年前的事了，至今，我还记着这件事。这件事让我十分感动。

浓浓的爱

妈妈，对不起！

林育茵

上了六年级，学业愈发紧张，每天身心疲惫地回到家里，母亲却总是喋喋不休地唠叨，使我心烦意乱。

那日，我刚走进家门，又听见妈妈急切地问道："考试成绩怎么样？"我漫不经心地点了点头。可妈妈又穷追不舍地追问。我冷冰冰地回答道："不理想。"霎时，妈妈原本满怀希望的面容，变得阴沉起来，期待的目光也暗淡下去。而我，眉头紧皱，平静的心情也被这一连串的问题所打破。妈妈又说道："只有读书才会有出息。"话音刚落，我终究还是没忍住，对妈妈大声说道："您能让我安静一会儿吗？"话一出口，我又后悔了。望着妈妈欲言又止的样子，我十分愧疚。我转身关上房门，心里五味杂陈。

过了一会儿，妈妈轻轻推开门缓缓说道："学习要专心，不能三心二意。"我轻声应道："嗯。"一句"对不起"却卡在心头说不出。

我望着妈妈满怀关切的面容，不禁开始自责，妈妈在默默关怀我，我却如此对待妈妈的好心。是谁，在风雨中为我遮风挡雨？是谁，在我生病时百般细致地照顾我？又是谁，日日夜夜为我付出心血？是妈妈。十月胎恩重，三生报答轻。十月怀胎的恩情都难以相报，更不要提妈妈多年来的艰辛！此刻，我的内心充满了愧疚，心情久久不能平静，悔恨的眼泪在眼边打转……

　　妈妈，对不起！

浓浓的爱

陈亦菲

今天是国庆节假期后的第一天，大家都快快乐乐地去上学，而我却"神志不清"地躺在病床上打着吊瓶。我生病了，而且病得不轻，医生说我得了轻微型脑炎。

当医生郑重宣告我要打一个星期吊瓶时，我的心里乱极了，我会不会脑子变笨呢？我会不会被人遗忘呢？我会不会从此学习成绩一落千丈呢？我现在的心情五味杂陈，真不是滋味。

终于，这度日如年的七天熬了过去，我满心欢喜地走进了想念已久的校门，真有一种凯旋的豪迈感，仿佛树上的鸟儿也在为我的回归而歌唱。今天我来得特别早，怕同学们用异样的眼光看我。走进教室，我像一个贼一样悄悄注视着每一个同学，有种心虚的、偷了东西的感觉。

当老师来到教室时，发现了大病初愈的我，立刻走过来关心我，同学们也一窝蜂地围过来，热情地问候着我。那一刻，我的大脑一片空白，那一张张微笑的脸都充满关心地围着我，我的眼圈微微红了，眼泪就快流出来了，我真的好感动，我以为他们会从此不理我，不与我交朋友，可我完全错了，我努力收回眼泪，微笑着说没事了，他们也笑了，真挚而美好。多么团结有爱的大家庭啊！

　　那浓浓的爱，被我深深地收入了记忆最深处的心灵宝库！我永远都不会忘记，也不能忘记。

老师的眼睛

苟雯青

老师就像辛勤的园丁，哺育了我们这些幼小的树苗；老师就像一支蜡烛，燃烧了自己，照亮了别人；老师就像默默无闻的春蚕，吐尽了最后一根丝……我有一位好老师，她就是我小学的班主任——张老师。

她中等身材，充满着蓬勃的朝气，宛如春天早晨中一株繁茂的大树。她的头发像黑色的瀑布倾泻而下，有一种朴素而自然的魅力。她那双慈祥而亲切的眼睛，就像夏夜晴空中的星星那样晶莹，又像秋天溪水那样清澈。

有一次，班上一名同学搞了一个恶作剧，惹恼了许多同学。大家向张老师反馈。后来，老师找他谈话时，他本想撒谎，但看到老师的眼睛中闪烁着真诚，便一五一十说出实情。老师没有惩罚他，只是教育了几句。啊，张老师的眼睛充满真诚。

还有一次在语文课中，一位平时说话结巴、成绩差的同学反常地举了手，想回答问题。我想：张老师肯定不会请他回答，不然会影响大家的学习效率。可老师还是叫了他。他回答时慢吞吞的，而且不正确。还没说完，班上不耐烦的声音此起彼伏地出现了："让我来！"没想到这使他更紧张，说得更慢，只有张老师一直用鼓励的眼神望着他，耐心地等他说完。啊，张老师的眼睛充满鼓励！

　　又是一节语文课，不知怎么的，我头很疼，但一直皱眉坚持着。下课了，张老师把我叫到跟前问："怎么了？哪里不舒服吗？上课怎么一直皱眉呢？"我心里一阵感动，这么一个细小的动作都被她发现了，于是回答道："有点儿头疼。"张老师便带我去医务室量体温，还帮我通知家长，得知我发烧后，立刻让我请假回家休息。啊，张老师的眼睛充满关切！

　　张老师，您循循善诱的教导有如春雨般滋润我们的心田，您的眼神充满真诚、关切与鼓励，您的眼睛也是我见过最特别的。您永远是我最喜欢的老师！

寻 宝 游 戏

高梓航

暑假的一天，我在家里写作业，很快我就写完了最后一项暑假作业。

妈妈回来了问我说："你还剩几项暑假作业？"我回答："还剩零项暑假作业。"妈妈听了，笑盈盈地对我说："这么快呀，等会儿妈妈陪你玩一个寻宝游戏，不过你要在书房里乖乖等我准备好，我喊开始你才能出来。"我高兴地跳了起来。

妈妈神秘地在家里转来转去，不知道要干什么。过了一会儿，妈妈喊道："游戏开始了。你需要在家里寻找线索，线索在客厅里，你找找看。"

我找了起来，突然我发现一张纸条藏在电话下面，只见纸条上面有几个大字，我读起来："请到卧室找寻线索。"我马上跑到卧室，在衣柜的侧面看见一张小纸条，我把纸条拿下来，上面有一道算数题，还写着几个字："线索就在答案里。"我三下五除二就把它做完了，答案是五十一。我觉得很疑惑，想了又想，对了，家里的电视机不就是五十一英寸的吗？我赶忙跑到电视机背后找，又找到一张纸条，上面写着："你已完成任务，宝藏就在冰箱里。"打开冰箱，哇，原来是我最爱吃的奶油蛋糕。

寻宝游戏太好玩了，我明天还要跟妈妈玩。

我的"敌人"

袁 懿

我的"敌人"是邻居家的狗。那只狗虽然看上去样子可爱，但却异常凶猛。每次我想靠近它时，它都狂叫不已，使我害怕。

我的"敌人"是郊外的那座山峰。山顶固然有美丽的风景，但我更担心那遍地的荆棘会划破我的衣服，刺伤我的身体。

我的"敌人"是做不完的奥林匹克数学题。在每一个课间，我总要和它搏斗几个回合。可结果总是我笔芯耗尽、两眼昏花，日复一日，屡战屡败。

我的"敌人"是……

我之所以视它们为敌，是因为狗让我害怕，山峰让我止步，习题让我厌烦……

真是这样吗？不，绝不是。

周末，当我出门时壮起胆子从那条狗面前走过，白天排除重重困难登上了那座山峰，晚上又耐着性子做完了奥林匹克题后，我才发现：让我害怕的不是狗，而是我的胆怯；让我止步的不是山峰，而是我没有毅力；让我讨厌的不是习题，而是我不敢面对困难……现在把它们一一排除，我发现我的敌人原来就是我自己。

父母的爱情

邱婷婷

我想，太阳总是很偏爱夏季，要不怎么只有在夏季，太阳才不会吝惜它的光和热？

我关掉电视机，擦去已流淌多时的泪水，来到院中，看见正在院中侍弄花草的母亲。

母亲头发垂下来，午后的阳光斜射下来，洒落在母亲身上，映着她慈祥的笑容，把母亲衬得那样温柔。我忽然心血来潮，问："妈妈，你爱爸爸吗？"

母亲被这个突如其来的问题弄得不知所措，顿时脸红得像个苹果，如同初恋少女般羞涩，搪塞地回答："这天可真热，瞧把我晒的。"

不经意间，我的眼神和母亲四处张望的眼神接触。母亲低下头，不再言语。

我有些失望，我的直觉告诉我，母亲并不喜欢父亲，否则怎么会不说话。我对父母的爱情有些失望，还不如看电视剧呢。

正想转身回屋，父亲提着刚买回来的西瓜叫住了我。回过身来才发现父亲的另一只手在口袋里来回摸索，搜寻着什么，满头大汗，此时却不见母亲的踪迹。

　　一会儿，母亲手里拿着毛巾，站在父亲面前，踮起脚，在父亲的额头上擦拭。父亲只是摸了下头，如男孩儿般傻傻地笑了。接着，从口袋里奇迹般掏出一个发卡，帮母亲夹在了头发上。

　　花园里的花草，也跟着散发出阵阵花香。太阳更炙热了，它的光和热把我的眼睛"折磨"得难受。否则，我的眼中怎么会有泪光。

　　看着阳光下的父母，母亲温柔羞涩，父亲憨厚笑容，是如此动人。我的心中永远存放着这个画面，我的心永远把时间定格在了这一刻。

　　我决定不再从电视剧、小说里寻找真情，因为那是编剧、作者虚构的。父母的爱情更让我感动。午后，因有这真情变得更加美丽；午后，阳光因有这真情，变得更加灿烂。

老师，只有您站着

赵 月

"丁零零……"上课铃响起，老师，您捧着书本走进教室。上课了，我们都坐着，而您却站着。老师，您站着的时候，我看见一颗智慧的星，闪烁着点点星光；我看见一棵参天大树，摇出片片绿意。

您一直都这样站着，前面是一张三尺的讲台，后面是一块乌亮的黑板。您把一个个四十分钟站成了几年、十几年、几十年……您站得很稳很稳，您脚下的这片土地便是您心中永远的寄托；您站得很高很高，您用细小的粉笔在黑板上勾勒出万千精彩。您的座位呢？哦，它在我们心中那个最崇高的角落！有哪个位置比那里更神圣呢？

站得久了，太累了吧？可您也不愿坐下。您满头的青丝就这样站成了苍茫雪原，光洁的额头站成了弯弯山川。当朝阳初升的时候，站得最高最稳的您啊，总是第一个将它托起。

有一天，当你坐下去的时候，我们站起来了，在您的笑声中，我们站成一排青松。有一天，当您再也无法站上讲台的时候，我们站了上去！

刮 目 相 看

程 杨

高亚和我读的是同一所学校，他家就在我家附近，上学、放学路上，我们俩经常碰面，自然而然就成了朋友。不过，他比我高一个年级，我们在一起的时间并不是很多。

高亚长得挺不起眼的，个头不高，又黑又瘦，常听见有人叫他"蚂蚁"。在学校里他也不是讨人喜欢的角色，身上的毛病不少，还都不是小毛病——老是不完成家庭作业，又爱打游戏，甚至偶尔还逃学，学习成绩就可想而知了。一天到晚，他不是被老师训几句，就是被父母骂一顿，所以总是有些灰不溜秋、霉里霉气的。我从心里有些看扁他。

一天中午，我们俩在上学路上又碰见了，走到机关幼儿园门口，看见两个小孩子正在地上又踢又踩，还不时兴奋地大叫。我们好奇地走过去，原来一条黑蚯蚓不知怎么爬到了马路中间。这可怜的小蚯蚓在他们的"魔爪"之下已经硬生生地被踩成了两段，两截儿身子痛苦地蜷曲着、挣扎着。浓黑的说不上什么颜色的"血"正一点儿一点儿地渗出体外。

"真恶心！"我低声说道，扭头就要走。没想到，高亚居然大声质问他们："为什么要踩死它，这也是一条命啊！"那两个小孩儿先一怔，再看看高亚的个头儿，毫不示弱地还起嘴来，一个说："关你什么事？多管闲事！"另一个道："一条蚯蚓，死了就死了呗，有什么大不了的！"说完俩人冲着高亚吐吐舌头，一溜烟地跑开了。

　　高亚黑着个脸，一声不吭，轻轻捡起那沾满尘沙的两截儿蚯蚓，小心地捧在掌心里，眼里充满了怜惜，像托着什么奇珍异宝似的走到路边的一个花坛里，小心翼翼地把蚯蚓放进了草丛。在我的记忆中，他从来没有这么温柔、这么沉静过。拍了拍手中的沙，他冲我轻松一笑，说："没关系，蚯蚓的命可大了，它有再生的本领，准死不了！"没等我开口，他又郑重其事地说："知道吗？地球并不仅仅属于人类！"

　　"地球不仅仅属于人类！"这话是如此熟悉，课本中、电视上不都经常可以看得见、听得到吗？可现在听起来，又觉得是那样的陌生。这还是那个让人有些看扁的高亚吗？嘿，真没想到……想想刚才的自己，我的脸一下热了起来。

师 恩

李 雪

人们都说："老师是孩子灵魂的塑造者，是孩子们的指南针。"

刚转学的我，人生地不熟，我被分到了五年级一班，班主任是一位女教师，她给我的印象特别好。班主任对我们非常好，我们从心里感激她。

有一天，班主任带我们去春游，我在水边玩起了水，一不小心，我掉到了水里，我叫了几声"救命"，便慢慢地沉了下去。在朦胧的水里，一双有力的手抓住了我，把我救上了岸，老师拍了拍我的背，水就从我的嘴里流出来了。虽然是春天，但还有点儿冬天的寒冷，班主任毫不犹豫地将自己的衣服给我穿，自己冻得发抖，我的眼里充满了感激。

我想送给老师一件礼物，感谢她那天对我的救命之恩，却不知道送什么。这天刚好是我的生日，我的朋友送给我一件漂亮的玻璃水晶球，我看了又看，终于决定把它送给班主任。我敲了敲办公室的门，老师喊我进去，突然脚下一滑，我摔倒了，水晶球被摔得粉碎，我的手也被扎伤了。老师急忙扶我起来，用碘酒冲了冲我的伤口，接着给我贴上了创可贴。我对老师说："对不起，我本想送礼物给您，没想到它摔碎了。"我流下了泪，老师温柔地对我说："你送我的礼物，我不要，如果你想感谢我，就把学习搞好就行了，你把你的好成绩送给我行吗？"

"可以！"我笑着流下了泪。

老师，谢谢您，您对我的恩情，我无以回报，只能用成绩报答您。

浓浓的爱

向老师献爱心

耿培贤

"春蚕到死丝方尽，蜡炬成灰泪始干。"老师，您是蜡烛，燃烧自己照亮别人；老师，您是黑暗中的一盏明灯，照亮我们人生道路；老师，您是粉笔，磨短自己培养别人；老师，您是一位勤劳的园丁，辛苦地栽培每一棵花草；老师，您是路标，为我们指引通往成功的明路……

9月10日是属于每一位老师的节日，每年的这一天都会有很多的同学给老师献上礼物。记得六年前的这一天，我刚刚踏入小学的校门，遇见了那个教育我、指导我、帮助我的老师。第一次见她，她一头乌黑的长发扎着一个马尾，一双水灵灵的大眼睛中显示出对我们的希望。她就是李老师。

李老师在学习上对我们十分负责，但从来不会打骂我们，只是耐心地教导我们。想起她在黑板上写的每一个字，想起她对我们说过的每一句话，想起她在上课时提问我们的每一个问题，想起她为我们拍下的每一张精彩的照片，我都很难过，因为我们离开了她；但想到会有一批新的小学生接受她的教育，能够和她再次度过精彩的六年时光，我又感到很欣慰。她帮助我们成长，她和我们一起玩耍，就像朋友一样。

去年的教师节，我和好几个同学一起去探望老师，我捧着一大束鲜花和一盒巧克力送给了她。她特意嘱咐我们，让我们在新的学习环境中好好学习，争取更上一层楼，我们都充满着无限的信心对她保证。说完，我看到她那双水灵灵的大眼睛中浮现了晶莹的泪水，接着落到她那圆圆的脸上。这是我第一次见到她哭，就是毕业那会儿她都强忍泪水，还和我们开着玩笑让我们都笑着滚蛋，但这次她没有忍住，她哭了，她抱住了我们，我们也抱住了她。与李老师告别后，我们便都回各自家去了。

在坐车回来的路上我暗下决心：一定不能辜负每一位教过我的老师对我的期望，我一定要努力学习、奋发向上，用最好的成绩来报答老师，也给即将陪我们度过三年时光的老师们一个好的印象。

我的童年生活已经画上了一个圆满的句号，新的生活已经开始，将会有新的老师陪我度过崭新的生活。最后，祝愿天下所有的老师教师节快乐！

浓浓的爱

《《《

感恩教师节

单宇涵

教师节来临了，许多同学都表达了对老师的感谢，身为学生一员的我，同样也有许多话，想对老师说。

您身为我们班的班主任，担子很沉重，方方面面要考虑的事情很多，为我们操心的事情很多，偏偏我们还不给您省心，麻烦事层出不穷。

老师，对于不认真学习的同学，您会叫他们去办公室背课文，督促他们好好学习；对于学习成绩落后的学生，您总是叫他们回答一些简单的问题，培养他们的兴趣和信心。您对每一个学生的负责与关怀，我们都看在眼里，记在心里。

虽然我们偶尔抱怨老师，每天留的作业太多了。但是其实我们心中都明白，也理解，老师是为了我们好。

课堂上，老师认真地为我们讲课，却有同学不听讲，但即使这样，老师课下对于学生的疑问，无一不仔细讲解，耐心地给同学们分析，哪怕是平时不专心听讲的，喜欢上课捣乱的。我很感谢老师的谆谆教导，为我们认真耐心地传道、授业、解惑。

在此，我想感谢所有的老师，感谢你们，教给我们知识；感谢你们，包容我们的一切；感谢你们，对我们的鼓励与关怀；感谢你们，对我们的用心良苦，呕心沥血。

　　"教诲如春风，似海深。"虽然时光流逝，但你们的教诲和帮助会一直刻在我们心间。

感 恩 老 师

周　洲

亲爱的老师：

　　您是我的启蒙老师，在我幼小的心灵播下了希望的种子，您盼望着这颗种子快点儿发芽、开花、结果。您给予了我太阳般的呵护，露水般的滋润，您宛如夜空中那颗闪烁的星星，照亮了我的童年。我万分感激您！

　　我能有现在的成绩，全靠您辛勤的培育。我的作文能发表、能登报、能获奖，这里面凝结着您无数的心血。您牺牲了多少休息时间，为我修改作文，每修改一次，您的额角仿佛又多了一条皱纹，眼角又多了几条血丝，但您不仅毫不介意，还为我感到高兴。我含泪对您说声："谢谢！"

　　您关心成绩好的学生，但您更加关心那些成绩不好的后进生。课后，您督促他们完成作业、做练习，一心为了后进生的成绩进步，一心为了他们能拥有童年的快乐。您还经常与家长联系，了解同学们在家的表现情况。您每时每刻都在为我们操心！虽然这一切几乎占据了您所有的休息时间，但您无怨无悔。

　　谢谢您，亲爱的老师！

勤奋 ＋ 坚持 ＝ 成功

田　萌

成功的范围很广，当你看到那些成功人士伟大又有贡献的一生时，你是否会羡慕他们？是否也想成为像他们那样的人物？众所周知，成功不是一日甚至几年就有结果的。你只看到那些功成名就之人此时的荣耀，却不一定知晓他们背后所下的百倍努力及日日挥洒的汗水。所以，你想成功啊，就要找到适合自己的途径，再配上日复一日、年复一年的努力，才有可能获得属于你的成功。

有的人度十年如一日，收获颇丰；而有的人度一日如十年，碌碌无为。只是空想，而把行动推迟到明天的人，不会成功。今天的事情必须今天做，因为明天还有明天要做的事，应把每天的事务合理地规划一下，该做什么的时候做什么。正如古人说："一日一钱，千日千钱，绳锯木断，水滴石穿。"想成功不能懒惰，不仅仅需要你的坚持，更要你时时不休地勤奋。

我不否认每个人天资不同，有的人生来脑瓜好使，一教就会；可有的人记忆不好，十遍也不一定会。然而，从小笨拙的孩子，长大后有大成就的人比比皆是。例如大科学家爱因斯坦，他小的时候，有一次老师让他们把自己最满意的手工作品交上来。别人交的东西真是精美，可轮到爱因斯坦时，他交上来一个歪歪扭扭的板凳。老师很生气，就说："简直没有比这更糟糕的作品了！"没承想爱因斯坦从书包里拿出两个更加不忍直视的板凳。"老师，"爱因斯坦说，"这个我已经很满意了，比起这两个先做的。"后来，他凭借自己的努力，成为举世瞩目的大科学家。

实实在在、一步一步突破并前进是动力，后天的勤奋是辅助，再加上自己高尚的思想境界，这样的人我认为才能够成功，才能够有光明的前途。

成　功

吴文洁

　　成功，一个我们特别熟悉的词，但是，它到底是什么意思呢？在我们的生活中，我们希望做任何事情都能成功，但往往不能如愿以偿。

　　作为一个学生，考试成绩是很重要的，每次测试成绩发下来，我的心情就会从山顶跌落到谷底，然而有些人却比自己强很多。你有想过为什么吗？比别人学习努力，但结果仍然不理想的原因，我曾静下心来仔细想过，后来，我终于想明白了，别人在死记硬背时，我也在死记硬背；别人在玩耍时，我也在玩耍……那些都是别人学习的方法，我为什么要模仿他们呢？然后，我就慢慢去找适合自己的学习方法，结果表明，我的想法是正确的。所以，找到适合自己的方法是通往成功的重要一步。

　　勤奋是通向山顶的台阶。古时的匡衡，因家里贫穷，买不起油灯，以至于晚上无法读书。于是，他就在墙壁上凿了一个洞，每天站在墙边，借邻居家的烛光日夜苦读，后来一度深得皇上赏识。又如发明家爱迪生，他在发明灯泡的过程中，不知失败了多少次，但是他并没有因失败而消极，最终成功地发明了灯泡，被世人永远地铭记在心。如果他们当初没有那么勤奋，也就不会有后来的成功。

当然，我们还要多与他人谈论自己的感想，可能会从中获得灵感，可以更快地走向成功。

找到适合自己的方法，并且坚持下去，这是成功的必经之路。

爸爸妈妈笑了

王梦宇

　　今天是星期天，爸爸妈妈不在家，我决心抓住这个机会锻炼一下自己。

　　我看见房间很乱，就想收拾一下房间。我想：我的书太多了，哪里都可以看到我的书，先从整理自己的书开始吧！我从自己的房间开始整理，床上、床下、桌子上，都找到了我的书。半个小时后，我终于把书整理完了。我开始扫地了，我左手一下，右手一下，垃圾死活不听我的话，到处乱跑。

　　就在这个时候，我想起了妈妈，我心想：妈妈每次都那么认真地扫地，仔细拖地，都能把地扫得干干净净的，如果我像妈妈学习，是不是就会把地拖得干干净净了？于是我学着妈妈的样子，拿起扫把对地板认真了起来。几分钟之后，我战胜了地板，又开始准备擦桌子了，我把抹布洗得干干净净。我本来以为擦桌子很简单，可是桌子实在太脏了，怎么都擦不干净。后来，我想到了一个好办法，用热水冲开洗洁精，果然，擦起来又省力又干净。

　　终于擦干净了桌子，要给爸爸妈妈做饭了，我想来想去终于想到要做什么了——煎鸡蛋。我拿出三颗鸡蛋打碎，放在平底锅上，开了火，倒了一点儿油，把鸡蛋液倒了进去，两面互相翻，很快香喷喷的煎鸡蛋就做好了，就等着爸爸妈妈回来了。

爸爸妈妈回来后，脸上露出了满意的笑容，我也开心地笑了。

爱的回音壁

这个冬天很温暖

穆泓羽

冷飕飕的风呼呼地刮着，光秃秃的树木像一个个秃顶老头儿。我刚理完发，感觉浑身上下清爽了许多，但是钻到毛衣里那些又短又小的碎发，像一只只小虫子在扎着我的脖子，我要回家洗个热水澡。

回到家时，细心的妈妈准备好了一切：取暖器早就开始工作，换洗衣服也拿好了，热水器管子里的冷水已经全部放掉，热水正哗哗流向一个大盆子里。

洗完澡，推开浴室的门，毛巾、浴巾、干净衣服整齐地卧在门口椅子上，静静等候着我。穿衣服时，我发现少了一件毛衣。唉，我真粗心，竟然忘记将它拿过来，还在客厅的椅子上放着呢。"妈，帮我把毛衣拿来。"我大喊道。"好，你先待在浴室别出来，等一下。"

这可不像一向做事干脆利落的妈妈的风格，我忍不住好奇，轻轻打开门，从浴室里溜出来。这一下，我看清了，妈妈站在客厅里，眉头紧锁，手捧着我的毛衣，不时地在毛衣上拍打，似乎在找着什么。我顿时明白了，她在拣去粘在我毛衣上的碎发！只见她在灯光下挑挑拣拣，又拿起来拍拍抖抖，还不时地举起毛衣对着灯光仔细寻找，生怕漏掉一个"不法分子"。她神情专注，又显得有些着急，大概还有少数碎发在"负隅顽抗"。当她终于从毛衣上揪出那些"漏网之鱼"时，我看到她拧紧的双眉舒展开来，面露微笑，阳光细细密密地洒在她的身上。这是我熟悉的表情，她确信衣服里没有残留一根碎发！

眼里好像揉进了沙子，有一种要流泪的感觉。我连忙悄悄退回浴室，生怕妈妈发现，不然她又该担心我被冻着了。虽然手脚冻得冰凉，但我胸中奔涌着一股暖流。

窗外依然寒风刺骨，但窗内却温暖如春。妈妈，您对我的爱，就像一轮冬日的暖阳，时时刻刻温暖着我。这个冬天因为有爱而温暖。

爱的回音壁

吴文源

时光是温柔的，亲情也是温柔的，我们往往在收获中付出，在付出中收获，又在两者之间，得到自身的成长、心灵的丰润。

我轻轻拨弄着花盆里有些凋朽的枯枝残叶，看着桌上厚厚一沓新年贺卡，叹了口气，送外婆什么新年礼物好呢？朋友嘛，送贺卡暂且说得过去；可是外婆，总不能两句话糊弄过去吧？

外婆的电话铃声忽然响了，她系着围裙匆匆忙忙跑过，我却一下子萌发了灵感："外婆，你那个记杂事的本子在哪儿？我拿来用一下！""在卧室柜子的抽屉里，你自己找，就在第一层！"她忙着接电话，我便自己去翻翻找找。找到了！那是一本纸页泛黄、款式老旧、印刷粗糙的本子，裹着淡淡的霉味。外婆平日里喜欢把电话号码记在这个本子里，有时候却因匆匆忙忙，自己又识字不多，写得杂乱而没有规律。每次，外婆找起电话时满本子地翻，戴着老花镜一字一字认真去看，十分费力。我决定把这些电话号码，按姓氏分类排序，找个新本子，再整理一遍。

事不宜迟，说写就写。我在自己的书架上，找到了一个符合要求的小本，规格适中，干净整洁，满意地开始动笔。每个字，都尽量写得大而清晰，笔画端正，人名都注上了拼音。如此认真地去做一件事，专注誊抄着满满一本的电话号码，我竟出奇地平心静气。那些时代久远的墨迹早已干涸，甚至褪色，有些数字甚至潦潦草草不易看清。我便细细端详，将一个个"0"写得圆润饱满，以免与"6""9"混淆。手写得酸疼了，指尖都因用力握笔而泛出白色。我也会一不小心把一串号码写差，便拿出胶带想粘去错误，但再一想，失手弄烂了纸怎么办，于是小心翼翼地用刀一点儿一点儿细细刮去。抄完一本号码册，看着上面规整大方的字迹，难得费了许多心思气力，自己都快被这份别致的礼物感动到了。可是还没完呢，我又往本子上贴了便签，这样便于整理，井井有条，翻阅起来也很容易。

没过多久，外婆就发现了我精心制作的手抄电话本。"这是你做的？"外婆惊讶地看着我。"那是，家里数我最细心！"我得意地对她笑，也很自豪。她放下小本，走过来轻轻搂住我，有感动从眼角溢出，温暖也在蔓延……

奇思妙想的梦

郭子瑜

夜幕笼罩着大地，我洗漱后躺在了床上，甜甜地进入了梦乡。

太阳公公露出了笑脸，我一个鲤鱼打挺站了起来，发现自己在一片茂密的草原上，周边的草都比我高。"呀！我怎么在这里，我怎么这么矮？蒲公英，真漂亮！"我不由自主地赞叹道。我摘下一朵蒲公英，满心疼爱地捧在手中。一阵风吹过，我拽着蒲公英一起飞向了蓝天。

原来我是在荷兰呀！成群的奶牛，膘肥体壮的骏马，慢悠悠的风车，五彩缤纷的郁金香，让我不由得爱上了荷兰。

我从蒲公英上跳下来，发现那里有一群小矮人在举行篝火晚会。我连蹦带跳地跑过去。"你们好！可以让我也参加吗？"我满怀期待地说。"当然可以。"小矮人爽快地回答。我迫不及待地加入到了篝火晚会，和小矮人们一起跳起了欢快的舞蹈……

夜幕降临，我情不自禁地打了一个哈欠。"可以让我借宿一晚吗？"我满怀期待地说。"可以啊，不过你得给我们讲一个故事。"小矮人调皮地说。"从前有户农夫，见到一只受伤的蛇，决定把它带回家……"我津津有味地讲着故事，渐渐的，小矮人们进入了梦乡……我小心翼翼地走出了草房子，躺在草地上仰望着星空。

"丁零零……"闹钟响了。我坐在床上，静静地回忆着那美好的梦。荷兰！等着我来看你！小矮人，等着我来找你们！

笑

栾韵祺

一包气球被杜先生买回了家，它们的花纹特别好看，杜先生迫不及待地冲下台阶，准备装扮自己的家，为自己的孩子迎接"六一"儿童节。看着房间里的气球，杜先生捧着剩下的半袋气球开心地笑了。气球剩下很多，他把多余的扔到了门口。

乞丐路过杜先生的家，一眼就看上了那半袋精美的气球。

"咦？在'六一'儿童节到来之际谁会扔掉这么多的气球呢？"他疑惑地自言自语，索性把气球带回了家。

"看，女儿，猜猜我给你带来了什么儿童节礼物？"

"哇，好漂亮的气球！"

看到女儿这么开心，他饱经风霜的脸上露出温和的笑容。

"可是太多了，爸爸，我们扔掉一些吧。"女儿说。

小半袋气球被扔到了门口。

一名小学生路过这里，他看到了那小半袋气球，他高兴地摸了摸下巴，赶紧撑起口袋将小半袋气球塞了进去。他连蹦带跳地跑到学校，飞一样地闯进教室。

"哇！好漂亮的气球！"一位同学说。

"谢谢你为班级做的贡献。"老师说道。

那位小学生抱着气球开心地笑了。"可是教室装不下了，剩下的就扔掉吧。"老师说。

一只画着笑脸的气球被扔到了外面，可是这一次没有人捡，而是飘上了天空。

医院里，一位患白血病的男孩儿望着窗外，他多么想去上学，多么想和普通人一样。突然那只气球停到了男孩儿的窗前，笑脸正好面对着他。他觉得这是上帝告诉他应该乐观对待自己的病，他很开心，于是将气球拿了过来，开心地笑了。

晚上他梦到自己的病治好了。和以前的同学一起在操场上跑、跳，一起在教室里快乐地聊天。这个梦他做了好久好久，梦中他笑了。

童 年 趣 事

赵晓婧

　　每个人的童年都是五彩缤纷的，伤心的、有趣的、快乐的事不计其数，我又想起了一件童年时关于我和小狗的趣事。

　　那天，我正在逗我家的小狗，突然一个奇妙的想法出现在我的脑海里：为什么狗一定要用四条腿走路呢？为什么它们不能像我们人类一样用两条腿走路呢？我被自己的想法吓了一跳，不过我依然决定试一试。

　　我立刻跑进屋，找来了一根结实的绳子并打了一个结。

　　开始行动，我先把绳子拴在小狗的上半身，再把绳子握在手里，然后就开始训练狗狗了。

　　我先教小狗如何才能站起来，不过这对于刚学习用两条腿走路的它来说很困难，应该是完全做不到，于是我便拔苗助长——把绳子往上一提，小狗果然站起来了。就这样我让它站了差不多一分钟，感受了一下站立的滋味，可我将绳子一松，小狗就又四脚着地了。我又让它多练习几次，结果都失败了。我只好先跳过这一环节，教它其他东西。

　　我又把它提起来，教它如何往前走。但是它站在那儿一动不动的，没办法，我只好靠自己的"方法"了。我扯着绳子拉着它走，它才慢悠悠地一步一步往前挪，那速度简直可以和乌龟相媲美了。我便加快了脚步，无奈担心小狗跟不上，也不敢走太快。终于，小狗能走得安稳了，不过，绳子一松，之前的努力就全白费了，它又四条腿走路了。它是完全不会呀，真是一只笨狗！训练了它十分钟左右，依然没有成效，我便放弃了。而教它用两条腿走路这事，也只能以失败告终了。

　　童年真是乐趣多多呀！无论是怎样的故事，怎样的回忆，都是我们最宝贵的财富，都令我们无限回味。

留 守 时 光

陈玥彤

多年过去了，当看到新闻里报道的留守儿童时，我还会不自禁地想起那段孤独的日子，就像初春的小雪，夏日的干旱，秋末的冷雨，冬夜的严寒。

大概在两三岁的时候，因为父亲长时间在外地工作不能照顾我，而母亲工作忙没时间陪伴我，所以有半年我一直和姨妈住在一起。

对于一个已经记事的孩子来说，即使照看自己的人很用心，但也不如父母的爱那般温暖。当时的我对于父亲的记忆是零星的，所以更多的是思念母亲。记得那时最开心的事就是每周末母亲回到村子里来看我，有两个原因：一是真的很想她；二是母亲每次来都会给我带很多零食。

那天我会早早起床，让姨妈给我梳一个漂亮的辫子，跑到二楼的阳台，那里正好可以看到村口。若是母亲来得早，在天空微泛橙光时，就可以看到她出现，然后我就会像离弦的箭一般，以最快速度跑出去迎接。有时也会待烈日当空，我睡着了之后母亲才来，每每睁开双眼，都是躺在她怀中，那种心安和温暖，怕是再多再美的文字也难以形容。

　　小孩子都是贪吃的，像我，当时村子里的小商店只有棒棒糖和矿泉水，还少得可怜。我爱吃糖，但姨妈不会让我经常吃，于是，善于观察的我发现了姨妈每次都是从电视机下的柜子里拿吃的。一天，趁她不注意，我也学着她的样子去找吃的。因为不识字，我以为自己翻出的那盒"战利品"是糖豆，就吃了下去，还好，只是板蓝根，如若是樟脑丸、老鼠药之类的，那可就危险了。

　　现在每每提起那段日子，都会谈到这些往事，母亲就会紧紧抱住我，热泪盈眶，欲言又止，而在我心中，它是时刻在我心底的一道难忘的印记。

难忘童年的空竹

余 璐

回到了曾经成长的故乡，推开了早已布满木屑的大门，漫天的灰粒飘飘荡荡，只留下了尘埃一片。无意间瞟到一个早已掉了漆的空竹，孤独地沉寂在墙角里，唤起了我童年的记忆……

还记得在我们村，抖空竹算是一项农闲后大伙儿都非常喜欢的娱乐活动。很多同道中人常喜欢约在谁家的大院里，围在一起耍几把空竹。空竹被爷爷用一条线、两根棒一下挑起，在线上潇洒自如地弹跳，绳和棍积极地配合着，爷爷一手抖着空竹，一手把持好平衡，时机成熟后，爷爷又扬手一抛，再加个灵巧的转身，提脚、立足，空竹又充满灵性地重新回到线上，还仍在不停地快速转动着。这还不算什么，爷爷还可以一手绑上好几串线，线上再放着几个空竹，同时跳着回旋舞，还不忘来回调换空竹的位置。不仅如此，还有鲤鱼过龙门、花式空竹跳等绝活儿，对于爷爷来说都不在话下，就因为这个，我们家变得小有名气。

看着那回旋的空竹，我也心痒想学，却被爷爷毫不留情地拒绝了。他说我只有三分钟热度，没有真正热爱空竹的心，学也是没有意义的。当时还小，不知道是什么意思，只懂得一个劲儿地点头同意罢了。我每天跟在爷爷的身后，看着他起劲地抖空竹，我小小的手掌每次都因为鼓掌而拍到通红，但那的确是我最享受的时刻了。

可空竹终究还是没有追上时代的脚步，我跟着父亲离开了故乡，南下发展。经过了许多年的岁月洗礼，当我再次回到这个装满了我童稚的老屋时，爷爷却因为身体原因而玩不动空竹了，那空竹也就静静地放在了墙角里，任凭岁月侵蚀。掉了色的空竹，却泛溢出与众不同的颜色，因为它装饰着我的童年，将其打扮得绚丽多彩，它不仅蕴含着一种文化，更是一种不可替代的精神！

我怎能忘记见证了我成长的童年之物，又怎敢忘记中华之美，忘记那博大精深的艺术风采。

我的"心肝宝贝"

王琛媛

我没有什么特别的玩具。可我的玩具箱里藏满了大大小小、五花八门的图片，它们就是我的玩具，我把它们当成是我的"心肝宝贝"。从幼儿时的吸引、好奇，到懂事时的喜欢、收集，再到现在的欣赏、品味。

如今，学习很忙，我对图片的喜欢和欣赏却从未中断过。无论是泼墨重彩还是细笔勾勒，无论是塞北雪原还是江南风景，无论是动物图片还是人物肖像，无不显示出画者特有的思想与灵魂。在这方寸世界里，承载着世间万象：绵延起伏的高山峻岭、幽雅淳朴的小桥流水、出淤泥而不染的莲花、纯洁善良的人们，都是那般超凡脱俗……那一张张精美的图片，无不让我身临其境。

当我做完作业，我总会情不自禁地打开画册，细细地欣赏那一张张意义深远的图片：从怀抱幼婴的母亲眼中，我读到了伟大、无私的母爱；从澳门旧影中，我看到了澳门昨天的沧桑；从气宇轩昂的武松拳中，我想到了梁山好汉的英勇威武；从目光深邃的张衡眼中，我找到了中国几千年的文明史……此时，那华丽的大厦、市井杂音早已远离了心灵，在这方寸世界中，美景美画走入了我的心窝。

　　每当面对着如此多种多样精美的图片时，我的内心也随之开阔、清朗。图片是笔与墨的艺术，也是心与情的结合；图片是艺术大师们的杰作，也是人们心灵的港湾；图片是我身边的伙伴，更是我永恒的朋友。

梦 想

崔梦佳

记得有人说，梦想就是你可以做梦，但是梦过了就别想了。我始终都不认同这种观点，不过也不得不承认，这的确是一句很现实的话。我们的人生往往早已被父母规划好，他们希望我们将来能够有一份体面的职业，对于我们所谓的梦想不理解。可是，人活着应该有梦想，有追求，即使被现实推得遥不可及，也无法阻挡我们追梦的步伐，这才是有意义的人生。

怀惴梦想，有时却仍感到迷茫。我对自己说："出去走走吧，去听听大自然的答案。"走在林间小路上，心静极了，仿佛从来没有这样静过，心底也涌出了最初、最纯真的梦想。我喜欢写文字，从小就喜欢，但是我写得并不好，我真的不知道应该坚持还是放弃。

就这样走着，我开始被身边的一切所吸引。树干真粗糙，却留下了属于它的生命的年轮，树叶枯黄又怎样，它已绿过一次，向人们展示过它的美好；脚一踢，石头与石头碰撞，它们曾待过的地方，留下一个浅浅的小坑；飞来一只鸟，翅膀在空中划过一道美丽的弧线……我心中的浪，不住地奔腾。

大自然的一切，都留下了属于它们的痕迹，那么我呢？是不是也应该脚踏实地，一步一个脚印去实现我的梦想呢？是啊，我才不要轻轻地来，然后再轻轻地去，轻到什么都没留下。坚持梦想，就应该从现在开始脚踏实地走好每一步。抬头，阳光明媚，青春正好。

一阵风吹来，树上仅留的几片叶落了，像雨，像泪。满世界的雨啊，满世界的泪啊，是为我获得新知喜极而泣吗？

人活着要有梦想，我奔跑在追梦的路上。

成功的秘诀

宫元义

　　每当我面对挫折的时候，我会用许多方法化解，将它打败。

　　八岁那年的寒假，我初学滑冰，由于年龄太小，没有太大的劲儿，也没掌握要领，总是刚站起来就又摔倒了。一次、两次……我每天都要摔好几次，三天下来脚和膝盖已经是又红又肿的了。但我坚持下来了，于是最终我学会了滑冰。

　　体育课上，同学们一起练跳绳，我失败了很多次，看起来容易的事总比想象的难。每一次失败后我都想："再努力一下，一定可以成功的！"一次次的自我激励后，我成功了。此后，我明白了，只有坚持不懈才能成功。

　　我还有一个办法——心理暗示法，只要对自己说："我比别人强，我可以做好。"不知不觉中，一股神奇的力量就会推使我前进。

　　在书法课，我和同桌比谁写的字又快又好。开始他总比我快，我就想："没事的，我可以的，我一定比他强。"慢慢的，我超过了他。

　　我会用许多方式化解挫折，我会在不断的努力中前进。

放弃与成功

王一川

在生活中，我们会遇到各种各样、大大小小的困难。你是否坚持着，最终战胜了那些困难？还是选择了放弃，选择了退缩？

在我的记忆中，有这样一件事，直到今天，还是深深地影响着我，给予我无限的动力。

那是一个夏天，六月，太阳在空中无情地炙烤着大地，贪婪地吸收着地面的水分。我独自坐在房间里，汗流浃背，手里却握着笔，计算着一道又一道的应用题。我沉醉在数学的世界里，一路过关斩将，仿佛无人能与我匹敌。正当我扬扬得意之时，却突然犯了难，因为"半路杀出个程咬金"，一道应用题横挡在我的面前，我却拿它毫无办法，这可让我急了起来。

时间一分一秒地过去，我对这个"拦路虎"毫无思路，尽管我绞尽脑汁，尽管我的脑门儿上全都是汗，但仍是没有半点儿办法。我仿佛看到了自己的失败，听到了"拦路虎"对我无情的嘲笑。我想到了放弃。这时，我突然想起了儿时母亲常对我说的一句话："无论在什么情况下，你都不能够放弃，要坚持下去，才能获得成功。"没错，我渴望成功，所以我要坚持下去！母亲的话仿佛有一种特殊的魔力，使我又燃起了斗志，要坚持下去的斗志！

　　我重新回到桌子前，握起笔，重新与它"战斗"。转眼间，一个小时过去了。"啊！我想到了，原来是这样！"我怀着激动的心情写下了自己的"战果"。

　　这件事至今保存在我记忆中，时刻激励着我，让我得以前进，得以成功。

今天和你杠上了

李 莹

放学回到家，我迫不及待地放下书包，我要以最快的速度写完作业，然后打开电脑美美地玩游戏。

我正在书桌前奋笔疾书，"叮咚！"妈妈回来了。"女儿，在做作业啊，奇怪，今天怎么这么用功了？""啊！好了，妈，我已经够烦的了，快出去吧！"我抱着头，不耐烦地对妈妈说。今天的作业真难，我有点儿想放弃了，毕竟，游戏比作业简单得多，也有趣得多。不过，这个念头马上就被另一个声音打败："见到困难就躲，怎么能成功呢？"

"嗯，今天我一定要和作业做斗争，早早做完，早早去玩游戏。"于是，我找了一条红色的缎子，上面写了"奋斗"两个字，我将它绑在了头上，开始努力地写作业，但是很快，我的自信被打碎了一地。

语文作业很快做完了，烦人的数学作业还等着我攻克。为了给自己鼓气，我大声地对作业叫道："今天就和你杠上了，咱就看，最后谁是赢家！"

经过一番激烈的斗争，最终，我战胜了作业。我得意扬扬地对它说："这下你服气了吧！哈哈哈哈……"

第一次打篮球

康子欣

我从七岁开始就迷恋上篮球。那天，在妈妈学校看到一群大哥哥打篮球，帅呆了，我立刻就喜欢上了这个运动。

回到家，我缠着妈妈给我买篮球，妈妈答应了。

"六一"儿童节那天，我和弟弟回家后看见桌子上有一个袋子。我刚想看看里面有什么，却被妈妈阻止了，她神秘地对我和弟弟说："你们猜猜这里有什么？""蛋糕。"弟弟抢先回答道。我的心里只想着篮球，我看见袋子圆圆的，于是我便回答："是篮球。"

妈妈让我们打开袋子，一个篮球正躺在袋子里睡大觉呢！我迫不及待地带着篮球到院子里玩，我试着拍了一下篮球，它落地后又跳了起来，我觉得很简单，拍了一下又一下。可是怎么才能像那些大哥哥一样，一边跑一边拍球呢？这个淘气的篮球，一点儿都不听话，我往前跑，它偏偏在后面待着。

这时，妈妈走过来笑着说："不要着急，慢慢来。你往前跑时，手上也要往前用力，拍一下它就可以往前跑了。"我尝试了一下，谁知力气使大了，球跑得好快，我追都追不上。我有些气馁，不想玩了。妈妈说："不要随便放弃，耐心一点儿，多练习练习就好了。"功夫不负有心人，终于，我的拍球技术越来越好，也真正喜欢上了打篮球。

我现在的篮球技术很好哟，不信你可以跟我比试一番。

生命的萌发

白 伟

科学老师给我们布置了一个作业——泡一颗绿豆，观察萌芽的过程。

我让妈妈帮我找一个可以装水的容器。找到后，妈妈去冰箱里拿了几颗绿豆。我接了半瓶水，把绿豆泡在水里，静静地观察。

四十分钟后，绿豆居然膨胀了，像一位怀孕的妇女。我静静地观察着，看这位"孕妇"能闹出什么大名堂来。

又过了约莫两个小时，绿豆的嫩芽冲破了外壳，像婴儿的手，在水中摇动着。我心想：嘿，这小家伙真淘气！

大约三小时后，更多新生的小朋友开始挥着它们的嫩芽，好像在向我招手。我大喜过望，观察着它们，心想：它们的生命力竟然这么顽强，看来是我低估它们了。我看着它们在水里摇来晃去，你追我赶，好像在玩游戏呢！

今天，我亲眼见证了生命的萌发，看着它们如何突破坚硬的外壳。虽然它们是那么不起眼，但在我面前，它们展现了自己的活泼、坚强！

我的文具盒

康嘉轩

大家来猜个谜语吧！"肚子大大爱乱吃，钢笔橡皮肚里藏。"大家猜到谜底了吗？没错，就是文具盒。

我的这个文具盒是三层的，顶层有镜子，还有密码锁，他那巨大的肚子里藏着不少的文具：幸福的钢笔一家，残疾的橡皮爷爷，矮个儿的铅笔小弟……文具盒的第一层是钢笔一家，老老少少八口人；第二层是尺子小妹、橡皮爷爷以及小矮个儿铅笔小弟的家；最后一层则是整齐划一的水彩笔一家。在这个文具盒两边还有小机关，在左边机关，"住"的是墨水一家；而在右边的机关则是只身"独居"的铅笔刀，它同时也是铅笔小弟的"仇人"，因为是它削短了曾经风流倜傥的铅笔。

怎么样？我的文具盒很讨人喜欢吧！

我 的 宝 库

杨星月

　　我的宝库啊，它长着长方形的身体，没有脑袋，没有四肢，它就是——书，是每个学生都有的东西。

　　它的封皮各不相同，"哥哥"有着华丽的封皮，"姐姐"有着朴素的封皮，但书里的内容，才是最吸引我的地方。

　　说起书的作用，那可是三天三夜都说不完的。书里有好词好句、名人名言、谚语、歇后语……书还可以帮助我增长知识，带我一起去"旅行"。

　　《城南旧事》带我去感受林海音的童年；《格林童话》带我沉浸在童话的世界里；《十万个为什么》带我到植物的世界、海洋的世界、微生物的世界、人体的世界去遨游……它们带我游遍了天南海北，还对我说："这只是冰山一角，还有更多的地方等着你去探索呢！"听完它们对我说的话，我更加喜欢他们了。

　　小学生写作文的时候，它的作用不言而喻，用好词好句帮同学们从困境中走到"仙境"。

　　我的宝库作用真大啊，生活中谁都离不开它，当然也包括我，我爱我的宝库。

放 飞 烦 恼

闫津旭

周末来了。

这一天，我带着好心情和一个漂亮的风筝高高兴兴地到了公园。

我是一个放风筝的高手，这可不是吹牛，你看！无论是大的小的，宽的窄的，我都能让它们飞上天，真是"爽歪歪"啊！

我正玩得高兴时，突然看见一个小女孩儿，她满头大汗，吃力地放着风筝。我觉得那个风筝很奇怪，上面有很多大大小小、乱七八糟的东西，好像是一些字，又像是一幅画，整个风筝显得特别脏。

就在这时，小女孩儿突然跌倒了，风筝也飞跑了，我跑过去，一下子就把线捉住了，这时小女孩儿却号啕大哭起来。我当时想：不好，她肯定是认为我要抢走她的风筝。我立刻向她解释："你不要误会，我没有要拿你风筝的意思，你别……别哭。"因为太紧张，我说话也变得结结巴巴的。"不怪你，我哭……哭是因为我的烦恼风筝掉下来了。"那个小女孩儿说。"什么？烦恼风筝？"我愣住了。"那风筝上面写满了我的烦恼和痛苦，我把那些话写在上面，就是为了放飞烦恼。"

我没有想到小女孩儿竟会有如此奇妙的想法，于是决定帮她，我一步一步地教她放风筝，帮她把风筝放得很高很高。最后，她把风筝线剪断了，脸上洋溢着笑容看着天空中那个风筝越飞越高。

我离开时，看到那个小女孩儿正在快乐地玩耍，我想：她的烦恼一定随着风筝飞向远方了吧。

家乡的色彩

因 你 自 豪

鲁奕含

我的家乡在湖北省襄阳市。它有两千八百多年的历史，不仅依山傍水，景色秀丽，还有无数的美食和说不完的历史故事。

在我的家乡有一条伟大而又美丽的河，它就是我们的母亲河——汉江。它养育了一代又一代的襄阳人。清晨，第一缕阳光洒在江面上，金光闪闪，耀眼极了。伴随着"嘟——"的一声汽笛声，轮船穿梭在江面上，开始热闹起来。晚上，红的、黄的、绿的、蓝的霓虹灯倒映在江面上，五光十色，光彩夺目。母亲河没有黄河的波涛汹涌，却有一份安详与静谧；母亲河没有黄河的波澜壮阔，却凝聚一份清澈与淡泊；母亲河没有黄河的雄奇险峻，却给人一种文雅与秀美。

襄阳自古以来，涌现出许多杰出的人物，经历过大大小小的战役。从金庸小说里的郭靖苦守襄阳城对抗蒙古大军，到汉世祖光武帝刘秀，再到《三国演义》里的刘备三请诸葛亮，大诗人孟浩然、张继，画家米芾……他们在这片土地上留下了光辉的足迹和创造了荆楚灿烂的文化。

说起襄阳的美食，不禁会想起色、香、味俱全的牛肉面。筋道的面条里伴着红彤彤的牛油汤，上面铺满了大块大块的牛肉，再撒点儿绿色的小葱，吸溜一口，香里透着辣，辣里伴着麻，刺激着你的每一个味蕾。再喝上一口浓郁的牛肉汤，立刻让你神清气爽，心旷神怡。除此，还有酱香浓郁的孔明菜，色焦黄、香脆的金刚苏，香甜可口的流水西瓜，营养丰富的黑木耳……保证满足你味觉的各种需求。

　　这就是我的家乡，一个历史悠久的城市，我因你而自豪，因你而骄傲。我爱你，襄阳！

魔 力 之 都

柳语凝

　　我的家乡是一个国际大都市，也是全世界最繁华的城市之一，有人说它是魔力之都，所以大家喜欢叫它"魔都"。它就是——上海。

　　上海在大家心目中一定是白日车水马龙、夜晚灯火通明的不夜城，犹如浓妆艳抹的时尚美女，每天吸引着世界各地的游客络绎前来。但在我心中它更像是一位别有风情的清新少女。

　　如果你在深秋时节来上海，随意走进一条小巷，你会看见金黄色的梧桐树叶铺满整条小巷。踩上去发出"嘎吱、嘎吱"的声音，让你的漫步也有了节奏感。巷口转角是家书店。透过透明的玻璃能看见店员正在忙碌地整理着书籍。几个孩子坐在沙发上认真地读着书，不知是看到了什么有趣的情节，嘴角微微泛起笑意。有的孩子则迫不及待和伙伴分享着感受，银铃般的笑声穿过窗户玻璃，飘散在微风中。往前走几步会看到间咖啡馆。推开门，伴随着一阵"丁零、丁零"的风铃声走进去，鼻端传来浓浓的咖啡香味。墙角一只小猫正趴在落地窗边打着盹。点上杯咖啡，翻开本书，让纸香混着咖啡香萦绕在休闲的时光里。上海是座文化之城。

　　如果你在初春时节来上海，站在繁忙的街道上，你总能看见白领们行色匆匆。他们穿着笔挺的深色西装，拎着黑色的公文包，梳着一丝不苟的发型，快步走向车站或是面有急色地挥着手叫出租车。街对面，学校的放学铃刚打响，孩子们就像开闸放水般涌出来。他们有的手牵手有说有笑地走着，有的一脸的不高兴，想必又犯了什么错被老师批评了，还有的高举着考卷飞奔出校门急切地寻找着父母的身影，想去报喜。校门口霎时热闹起来，仿佛打翻了鸡窝，一片叽叽喳喳之声。路边华灯初上，歌舞升平的夜生活刚刚拉开序幕。上海是座忙碌之城。

　　在不同的人眼里，上海有着多面的形象，这也正是它的魅力所在。有首歌唱得好："上海是我长大成人的所在。"我的家乡没有江南水乡的温柔似水，没有黄土高原的洒脱豪迈，但它独有的海派文化，却是海纳百川，独领风骚。

诱人的臊子面

田星文

　　我的家乡在陕西。陕西的名胜古迹、民俗传说，说也说不完。陕西面更是多种多样：且不说声色俱全的油泼面，也不说柔韧筋道的刀削面，单说众人皆知的臊子面，就让人垂涎欲滴。

　　臊子面的汤讲究的是油、煎、汪。那汤看起来就像一幅流光溢彩的油画。汤底上漂着红艳艳的辣子油，水光潋滟，像一汪红色的湖水，又像一弯燃烧的红月亮。洁白的瓷碗就像给红月亮镶了一圈耀眼的白边，红油把白碗显得更加冰清玉洁，白碗衬得红油更加鲜艳夺目。在"红月亮"上，点缀着金灿灿的鸡蛋、黑黝黝的木耳、绿生生的葱花、黄澄澄的土豆、咖啡色的臊子肉……红油和配菜搭在一起，色彩斑斓，赏心悦目，像夏日傍晚的天空，像热情奔放的舞曲，又如丰富多彩的人生。

　　臊子面的面讲究的是薄、筋、光。那面条像一条条光滑银线，又像龙王一根根雪白的胡须，又细又长。迫不及待地挑起几线"龙须"，送到嘴边，"哧溜"一声，猛地一吸，好筋道啊！端起碗，"呼噜"一声，喝一口汤，又酸又辣，好暖和啊！一碗下去，浑身冒汗，全身的毛孔都舒畅了！

我的家乡有数不尽的美食，臊子面只是其中的一种。我的家乡还有看不完的美景，说不完的历史和传说……我为我的家乡感到自豪。

我 的 家 乡

于耀涵

我的家乡在天津。

天津有一条著名的河流叫"海河"，它是天津人的母亲河。海河蜿蜒曲折，像一条长长的巨龙，又像一面又长又宽的镜子，还像一条蓝色的丝带贯穿在城市的中央。它不像黄河那样波涛汹涌，也不像桂林的水一样静得神秘，而像一双温柔的大手抚摸着天津。在海河上建着一座解放桥，每当有高大的货船经过这里时，它都会友好地打开，发出"咔啦啦、咔啦啦"的声音，像是欢迎的、热情的鞭炮，又像是用声响在催促货船："快点儿，客人都等急了！"还像是鲸鱼的嘴要将货船吞进肚里似的。在海河的永乐桥上建着一座摩天轮，天津人称它为"天津之眼"，它又圆又大，像一只水汪汪的大眼睛守望着我们美丽的津城。它是亚洲唯一一座建在桥上的摩天轮，也是世界上最高的摩天轮。在夜晚的时候，它闪着五光十色的光点，像一只只小眼睛一眨一眨的，又像黑暗天空中的星星，还像夜空中燃烧的火焰，有紫色的、黄色的、红色的、蓝色的、绿色的，五彩斑斓，梦幻无穷，美丽无比！

天津不但景色美，还有著名的小吃，天津人称之为"天津三绝"。一绝是"狗不理包子"，二绝是"耳朵眼炸糕"，三绝嘛，就是"十八街大麻花"了。

最有名的要数狗不理包子。一笼包子出锅后，一个个白白胖胖的包子先生，顶着十八个褶的帽子，穿着做工非常精细的礼服，好像在说："难道哥不帅吗？"包子的外皮摸起来柔柔的，软软的，像一块大海绵，又像一块棉花糖，吃起来可口不腻，菜有菜的味道，肉有肉的味道，肉吃起来软糯柔嫩，菜使肉更加美味，没有了油腻，含在嘴里回味无穷。耳朵眼炸糕跟汤圆似的，但又比汤圆大，圆滚滚像个乒乓球，放进油里炸完之后，外面的皮嚼起来"嘎嘣嘎嘣"地响，而里面的豆沙甜甜的像是用红糖做的。十八街麻花又粗又长，像一条麻绳，嚼起来"嘎嘎"直响，脆脆的，酥酥的，甜甜的。许多国外友人来到天津，都必须要尝一下这天津三绝，难道你听了以后不流口水吗？

这就是我的家乡——天津。你是不是也觉得它很美丽、很迷人呢？

人说山西好风光

刘　欢

　　"人说山西好风光，地肥水美五谷香。"我就生活在这块如仙境一般的地方——山西晋城。这里不仅有优美的风景，还有令人垂涎三尺的风味小吃。

　　阳春三月，这里漫山遍野开满了胭脂花，长长的花茎托着糯米团大小的一个球，球上开满了挨挨挤挤像糯米花似的小花。她们围坐在一起，外层雪白雪白，中间是胭脂粉色，在绿叶的映衬下，白里透着粉，粉里透着红，像羞涩的少女的脸庞。我仿佛听到胭脂花仙子在优美地合唱，那一个个美妙的音符从天际飘来，并伴着典雅的清香。相传王母娘娘在瑶池洗完澡使用胭脂时，不小心打翻了胭脂盒，所以得此美名"胭脂花"。

　　欣赏了美景，我们来品尝一下美食。我最喜欢吃羊杂汤，外加两个又圆又黄的煎饼。瞧！羊杂汤端上来了，一股鲜香味扑鼻而来，雪白的羊汤里散着晶莹剔透的粉条，有碧玉般的萝卜片，有鲜红的羊肉、羊血，上面还缀着一小撮油绿绿的香菜、葱花。我的口水都要流下来了，于是迫不及待挑起一根粉条，先找到头"哧溜"一下吸到口中，又滑又嫩又爽。接着吃萝卜、羊肉、羊血，肉是鲜香的，血是细腻的，萝卜是清爽的，最后将羊汤一饮而尽，顿时畅快淋漓。由于吃粉条时用力过猛，把汤汁溅得满脸都是，妈妈笑我像小猫，于是我又叫它"乐开花"。再说那煎饼外脆里嫩，金黄黄的，与那碗美味的羊汤搭配起来简直是一绝。

我爱我的家乡，欢迎你来游玩，尝一尝这里的美食。

美丽的丹河

杨 欣

我的家乡在山西晋城，这里有一条美丽的长河——丹河，是我们晋城人民的母亲河。

丹河的源头在高平，途经晋城又有许多山涧小溪汇集其中，我们喝的水都是取自那里。

远看，两岸青山耸立，丹河宛然一条晶莹剔透的绿色绸缎，绿得那样无瑕。她静静地流淌着，流向遥远的未来。

这里有目前亚洲最大的单孔石桥——丹河大桥。它的主孔净跨径一百四十六米，已被正式列入吉尼斯世界纪录。它好像大鹏展翅般横跨丹河南北两岸，使天堑变通途，汽车在桥上疾速奔驰，小船在桥下缓缓行驶。

近看，这里风景迷人。阳春三月，来到这里，绿水盈盈的河面宛如翡翠一般夺目，微风拂过，河面泛起一圈一圈的波纹，像天上的星星都掉到了绿色的轻纱上，一闪一闪地向我顽皮地眨着眼；像洒下的银屑，散着夺目而耀眼的光芒；又像母亲慈祥的笑脸。鱼儿在母亲的怀抱里戏玩，青蛙在开着演唱会，尽情地高歌，蝴蝶在给它们伴舞，一切是那么和谐。河边桃红柳绿，草色青青。如果说大自然是万物之母，那么丹河就是母亲的血液了。

　　每年，我们学校都有一项重要的活动——春游，目的地就是丹河。每到这时，我们都会背上锅碗瓢盆，到那儿野炊，而我们用的水，就是直接饮用那里的山泉。我们还在小河里捕鱼，然后做成一锅美味的鲜汤，因为山泉甘甜，做出的饭菜美味可口。同学们大口大口嚼着白花花的大米饭，不时配两口菜，喝一口水，我吃你一口，你吃我一口，看着就馋人的饭菜顿时更香了，虽然不是什么山珍海味，却是童年最美的味道。每每这时，我们的脸上洋溢着幸福，也洋溢着美好的梦。

　　因为这里迷人的景色，一年四季都会引来许多游客来这里游玩、野炊、摄影。丹河它流的不只是一汪清水，更是五千载的中华历史文化，当然，还有不可估量的未来。

家乡的色彩

王予骁

　　我的家乡在广西南宁，那是一座热情似火、绿树成荫、瓜果飘香的美丽城市。

　　南宁是绿色的。"半城绿树半城楼"，走在街道上，满目苍翠，令人流连忘返。一条条纵横交错的街道犹如一条条阴凉的绿色隧道，又如一条条碧波荡漾的河流，还如一条条在风中飞舞的绿色丝带。一阵阵微风拂过，树叶"沙沙"作响；鸟儿在枝头上"叽叽喳喳"地歌唱；花儿绽开了笑脸，红的、黄的、粉的、紫的，像赶集似的聚拢来，一团团，一簇簇，五彩缤纷，绚丽多彩。这仿佛是如梦如幻的仙境，又仿佛是在合唱欢乐动听的歌，或又仿佛是在欢迎远方到来的客人。

　　南宁是火热的。这座位于亚热带的城市，一年四季气温都很高。特别是到了夏季，天空中的太阳，就像一个熊熊燃烧的红色大火球，火光四射，晃得你睁不开眼；还像块被烧得通红的大烤炉一样，把人都烤黑了，烤蔫了。路边的柳树，也被热得耷拉着脑袋，知了在不停地叫，好像在说"热啊，热啊"。即便是到了中秋的季节，仍还如此炎热，让人大汗淋漓。跟天气一样火热的，是南宁人的热情。南宁人好客、礼貌、有爱心，"能帮就帮"是南宁人的名片。街道上听不到"嘀嘀"的喇叭声；街道干净整洁，没有一丝垃圾；机动车主动礼让行人。安静、舒适、和谐的居住环境，让南宁获得了联合国颁发的"人居环境奖"，能生活在这样一个城市里，是那么温暖、幸福。

南宁是甜蜜的。这里四季都瓜果飘香。街道两旁的果树，果实累累，空气中弥漫着甜丝丝的味道。黄灿灿芬芳香甜的芒果，浅褐色核小肉厚的龙眼，红彤彤甜得腻人的荔枝，金黄色又弯又长的香蕉，让你看着看着不禁"口水直流三千尺"，忍不住想大饱口福，一口咬下去，蜜汁四溅，能让你从嘴里一直甜到心里。

南宁的美，美在花瓣上，美在绿叶上，美在草尖上，美在果实上，美在我们的心上。

优美的画卷

陈逸升

　　我的家乡温州是一座东南海滨城市。这里有大大小小的江川河流，有绿意盎然的树木，生活在这里非常愉悦。

　　温州随处可见河流，我家旁边就有一条小河，河里种着许多水草和水生花朵。夜幕降临时，听着呱呱的青蛙叫声，看着各种小鸟在河畔树木间叽喳嬉闹，闻着微风送来的阵阵青草香，宛若置身一个大公园内。

　　从世贸大厦的高层向下望去，温州城条条河流相互纵横交错，仿佛一张大网笼罩了城市，又像一个调皮的小孩儿拿刻刀把大地分成了许多块。这经络一般的河流真像城市的血脉，游走着延伸向远方，让整个城市充满着生机。

　　温州不仅河流多，还有两条有名的江呢！一条是远近闻名的楠溪江，一条就是母亲河瓯江了。浑浊的瓯江水翻涌着流向东海，远远望去，像一条金黄色的丝带铺在了大地上。与此相反，楠溪江的水却是清澈透明、纤尘不染的。从水边的竹楼向下望去，粼粼水波泛着浅蓝色的光，令人怀疑来到了海边；而走近一看，这水却清澈见底，水底的鹅卵石颗颗光滑，偶见几条小鱼快速地游过去，好像是在游泳比赛呢。

江河滋润了大地，也滋养着许许多多的树木。温州最有名的树就是榕树了，它是温州的市树，街道上、庭院里、河岸边，随处可见一棵棵大榕树。榕树都长得郁郁葱葱，树冠很大，似乎都能遮住整个蓝天；又像一把撑开的大雨伞，为我们遮风挡雨。它的树干也特别粗大，需要好几个人手拉手才能合抱。树干上布满了皱纹，斑驳又蜿蜒，像农夫苍老的面庞；它的须根垂向大地，像农夫的胡须一般。它们就这么静静地站着，在河边，在巷尾，一站就是几百年。微风拂过，树叶沙沙作响，仿佛在向我们述说温州的百年沧桑故事。

家乡的江河树木共同描绘了一幅优美的画卷，我很爱我的家乡。

想 念 南 溪

黄振赫

我的家乡在南溪。那里有高山,有清水,有香香的泥巴。

那里的山那么高,一座座拔地而起。有的像仰天长啸的雄狮,"嗷呜"地吼着;有的像昂首挺胸的公鸡,"喔喔"地叫着;还有的像腾空而起的蛟龙,龙飞凤舞地绵延着。站在高山下,山像巨人,我就像一只蚂蚁似的,显得那么渺小。从远处看,绿绿的山像一块青色的青绒幕布,台前的小鸡、小鸭、小鹅和赶着牛、牵着马、挑着水的农人,组成了一幅美丽的风景画。

那里的水那么清。我曾见过北京北海公园的湖水映着蓝天,似乎太蓝了。我又曾见过西湖花港观鱼的鱼池,仿佛又太斑斓了。其余的呢,郴江河的水太浑浊,东江湖的水又太雾了。南溪的水,清得能看见水底缓慢移动的沙石。一条一条的小鱼在水里快活地游来游去,它们互相追逐着,打闹着,唱着歌,跳着舞,仿若赶着去上学的小顽童。虾兵蟹将们,有的懒懒地睡着大觉,有的勤快地挥舞着大钳子做早操,它们伸伸手呀踢踢脚,嘴里还哼哼着"我就不会老"。

那里的泥土那么香,香得可以用来做调料。傍晚,乡村的孩子们，装上一盆泥，拌成糊状，厚厚地裹在鸡蛋上，做成一个个泥巴球。把泥巴球扔进柴火灶里，三十分钟后，香味扑面的泥巴球就出炉了。剥开外面厚厚的、硬硬的泥巴，里面就是鸡蛋；剥开脆脆的鸡蛋壳，里面就是软软的鸡蛋肉；吃掉外面绵绵的蛋白，里面就是沙沙的蛋黄；吃掉里面的蛋黄，满嘴都是清香扑鼻的土鸡蛋味。我仿佛被泥巴球的香味给融化了。真是此蛋只应地上有，人间能有几回吃。

我想念南溪的山、南溪的水、南溪的泥巴球，就连在溪里缓慢移动的沙石和带着沙石走的流水我都想。

我爱你，家乡

杨喆皓

我的家乡是南宁。它富饶美丽，有着许多迷人的地方。要说景色，最美的不过青秀山的桃花园了。春天的桃花园，白的、红的花都开了，白的白中透点儿粉，红的红中透点儿紫，仿佛一团团云霞落到了这里。一朵朵桃花开着，开得十分娇嫩，它们争先恐后地开着，展现着自己的娇艳和芬芳，仿佛一个个娃娃在展示着自己的笑脸。

桃花园美的时候可不止在春天，春末夏初花落的时候同样美不胜收。也许你会问我，花都谢了，那还会美吗？当然了，花谢时的美，并不逊色于花开的时候。随着春风的吹拂，一片片细碎的花瓣，自由，散漫，从树上落下，它们在半空中画出了一道道美妙的弧线，仿佛天上下起了桃花雨。若你走在这里，踏在这花瓣上，看着这满天的桃花雨，你会觉得步入了仙境一般。唯有几朵桃花还在顽强地开放着，有的花开，有的花落，相映成趣。桃花园花落的时候，那细碎的美是花开的时候比不了的。可桃花园花开的时候那饱满的美，同样是花落的时候比不了的。

南宁不仅有美丽的风景，而且还有许多著名的小吃，其中最著名的小吃就是我们南宁的老友粉了。今天我就到了"天福香"老友粉店品尝了一碗美味的老友粉。

一碗粉被端上，一股老友粉的香味便扑鼻而来。汤呈淡棕色，粉盛在里面，黑豆、酸笋、猪肚、猪肠点缀其中，汤很足，料极多，搭配得如此美妙。老友粉，虽说没有螺蛳粉的香辣，也没凉粉的酸爽，但它那酸辣的味道，却是螺蛳粉和凉粉比不了的。我捞起一勺粉，配着汤，猪肚和酸笋也一起放入口中，一股酸辣的味道瞬间弥漫在我的舌尖。我一咬，酸笋酸的味道和猪肚的筋道，与汤完美地融合在一起。在这融合之下，酸笋的味道显得更酸，猪肚也越发筋道。这一瞬间，我仿佛处于一个由酸辣鲜香所组成的世界！这一刻，幸福值简值爆表了！我二话不说，抓起筷子就吃起粉来，一边吃粉一边喝汤，这种酸辣鲜香的味道简直布满了我的喉咙！我吃得汗流浃背，到了最后竟然还没吃过瘾！

这就是我的家乡——南宁。有着美丽风景和美味小吃的南宁，我爱你！

家乡的美

韩亦晨

在其他人的眼中对于家乡的感觉和味道似乎只有时尚和美食，但在我看来，我的家乡古韵今风别具一格，它就是"人间天堂"苏州。

来到那悠长悠长的平江路，看着两边花窗木门的江南小楼，走在那青绿色的石板路上，我仿佛一下子穿越到了古代，想象着自己脚蹬木屐，身穿宽松长衣，手拿酒壶，闲庭踱步创诗作曲，好不悠哉！

瞧，路旁那不宽不窄的小河上飘来一艘乌篷船，艄公撑着篙，载着几个游客，慢慢悠悠行在河中，两岸的景色尽收眼底。我走累了，坐在路边的石凳上，看着路上人来人往。几个穿着旗袍，围着丝巾的女子，展示着江南女子特有的婀娜与柔美，我仿佛闻到了一股花香，淡雅、宁静，宛如盛开的荷花，绽放出苏州独特的韵味。

站在虎丘塔——这座一千多年屹立不倒的"东方比萨斜塔"下，我一步步地走上台阶，气喘吁吁地爬到塔顶，眺望着姑苏城内，城里的小桥流水、古房古墙都变得孤立而渺小。

如果你再跟着我走过那一座座城门，你会被它们的伟岸征服。它们经历过沧桑变迁，也承载过毁誉荣辱，它们没有皇城北京的华贵，也没有古都南京的气势，却把小小的苏州城庇护在它们的羽翼下。

　　我的家乡，还有很多很多的美好，说不完，道不尽，只待你亲临感受。

美丽的镇江

陈基丰

　　我的家乡在镇江，镇江的美景和美食，足以让每个来这里的外乡人赞叹、留念。

　　镇江有四大名山，有风景美丽的金山，有古朴幽雅的焦山，有历史浓厚的北固山和群峰连绵的南山。其中我认为最美的就是金山了。

　　金山坐落在金山公园。在公园里有一池金山湖，湖面有很多小游艇，黄色的，红色的，蓝色的……好多好多，数也数不过来。若是你夏天来到这里，金山湖开满了荷花。粉色的荷花，碧绿的荷叶，煞是好看。风一吹过，它们仿若无数涂了腮红、穿着绿色长裙的少女在扭动着身姿，有的在跳着优美的芭蕾舞，有的在跳着优雅的探戈，还有的在跳着欢快的现代舞，好不热闹呀！若是你秋天来这儿，那又是另一番风景，岸边有芦苇，微风吹过，荻花便"沙沙"作响。到了傍晚，极目放远，"落霞与孤鹜齐飞，秋水共长天一色"的景象，便尽收眼底。

　　金山的山顶有座寺塔，呈土黄色。我爬上山顶，再登上高塔，累得大口大口地喘着粗气，望着眼前的风景，那是更为惬意，更为爽快的。山下的风景，长桥、楼阁、绿树、小船都变得孤远而渺小。而此时的寺塔在夕阳的照射下，那土黄色变得金光闪闪，越发显得高大和雄伟。

镇江的美食，一定会让你留恋，只要你望见，你的眼睛便会盯在上面，移也移不开的。镇江香醋，享誉海外，它酸而不涩，香而微甜，色浓味鲜。而肴肉呢，它肉红皮白，光滑晶莹，如玉石，如水晶，如玛瑙，让人不忍下筷入嘴。最好吃的那就数锅盖面了。一大碗热气腾腾的锅盖面，你闻一闻，那股特有的香随着斜飘的热气，钻入鼻子，诱惑着你的味蕾。在里面滴上两三滴香醋，那股香气"哧溜"一下就滑进了所有的感官里。此刻再夹上一块晶莹剔透的肴肉，放在嘴里一咬，软软的，烂烂的，油顺着嘴角挤出，让排着队还吃不上的人直把口水往嗓子眼儿里咽。当你连汤都喝完时，真是回味无穷，真想再来一碗呀。镇江有这样一个顺口溜："锅里煮锅盖，香醋不会坏，肴肉不当菜。"

这，就是我美丽的家乡，我美丽的镇江。怎样，心动了吧？心动不如行动，快来玩吧！

家乡的四季

谢佰儒

我的家乡在宁波东钱湖，那里一年四季都有不同的颜色和景色。

春天，东钱湖是绿色的。湖水好像一块碧绿的翡翠，静静地闪着绿色的光芒，杨柳吐出了绿芽，小小的绿叶倒映在碧绿的湖水上，显得绿上加绿。湖边除了柳树还种着各种各样的树，它们都是闪着绿绿的光芒，那绿色是浓重的，一片片树叶，不管是大的还是小的，不管是长的还短的，都像是被油漆给刷过似的。

夏天，东钱湖是多雨的。雨点落在湖上，湖面荡出阵阵涟漪。远方一艘小船慢悠悠地前行着，披着蓑衣的船老大依然照往日的节奏"嘿咻、嘿咻"地划着桨。雨一滴滴地落在树叶上，发出"滴答、滴答"的响声，那声音轻快又有节奏。

秋天，东钱湖是宁静的。只有那些忙着丰收果实的人们，在果园里"嘿哟、嘿哟"地干着活。湖畔的银杏树叶不知何时悄悄地变成成片的杏黄色，一阵微风吹过，树叶悠悠然从树上飘落下来，盖在人行道上，踩在脚下，发出"沙沙"的声响。绿色的枫叶变成了火红色，似乎风一吹，就能燃烧起来。路边的果树枝头上挤满了果子，好像正等着人们来采摘。

　　冬天，东钱湖是寒冷的，但寒冷并不能阻挡人们的热情，大家还是早早地出来，在湖边锻炼身体。远远望去，湖面上像一个大蒸笼，冒着一丝丝雾气，一阵冷风吹过，雾气扑向了正在晨练的人们，人们不由得缩了一下脑袋。在太阳照不到的湖边角落里，还有一块块薄薄的冰浮在湖面上，不时有调皮的小孩子用棍子在敲打。湖边一排排柳树显得孤零零的，往日茂密的树叶只剩下光秃秃的枝条，它们像一位位高大威严的士兵，守卫着美丽的东钱湖。

　　这就是东钱湖的一年四季，也是我最美丽的家乡。

家乡的枣树

方　杰

我的家乡有许多枣树。

枣树生长速度很慢，通常十年左右才能长成碗口粗，但是当年栽活的小树当年就能开花结果。它的枝条上布满针样的长刺，叶子是绿色或浅绿色的。

春天，沉睡了一冬的枣树像刚睡醒的孩子，伸伸懒腰。树杈上伸出一些绿色的小头，像是在欣赏这个明媚的世界。在人们不知不觉间，朵朵小花在叶子底下绽开，像害羞的小姑娘，香味真是醉人！如果你折上几根枝条插在瓶里，香气好几天都不散，令人陶醉。

夏天，绿色的小果子长了出来，它们顽强地承受着太阳的炙烤。枣树是一种非常耐旱的植物。我的家乡素有十年九旱的说法，眼看着庄稼挺不住了，别的树木也蔫了叶子，但唯独枣树不怕干旱，依然生机盎然。那时你若看一看枣树，就会被它不怕困难的精神感动。这时的枣要是生着吃会又涩又酸；不过，仍有些淘气的小孩子爬上枣树去摘下还没成熟的小绿枣，放到火上去烤。不一会儿烤熟了，咬一口，还挺有味道的。

秋天，是收获的季节，各种各样的枣也都成熟了。有像梨一样酥甜酥甜的梨枣，还有沙甜沙甜的沙枣，也有酸甜酸甜的团枣，一颗颗大大小小的果实缀满枝头。绿色的叶子，红色的枣，好一幅美丽的风景画！置身枣林，如入仙境，让人心醉，让人垂涎。

　　朋友，如果你有兴趣，今年秋天，我带你去我的家乡走一走，保你吃够天下最美的红枣。

美丽的森林公园

倪董润

在我的家乡福州，有一座美丽、壮观又可爱的森林公园。

说它美丽吧，是因为这里的山水让游客们陶醉。坐在公园的八角亭里，远远望去，青色的山、绿色的水、朱红的琉璃瓦尽收眼底，再配上哗啦啦的流水声，好似一幅清新的山水画。这只是森林公园的皮毛，走进深山，周围的树一棵挨着一棵，好像在向你问好；潺潺流水环绕四周，仿佛要给你一个热情的拥抱。

说它壮观吧，是因为这里的山一座连着一座，山坡陡峭，山路曲折，站在山崖上往下看，一眼望不到尽头，真可怕！不仅如此，山石还有不同的形状，有的像在河边喝水的大象，有的像正在捕食的猎豹，还有的像昂着头、挺着胸的大公鸡……山上有一块神奇的回音壁，在那里叫上一声，声音随着山谷飘荡。如果叫得超级大声，甚至城里的人都能听见！有一次，我在回音壁上大喊了一声："你好啊！"只听见对面也有人回应我："你好啊，好啊，好啊……"声音、口气跟我简直就是一个模子刻出来的，真是太神奇了！

说它可爱吧，是因为公园里有一座鸟的"天空之城"——鸟语林。那里有成百上千只鸟，有红的、黄的、蓝的……叫的出名的，叫不出名的。每一只鸟都不相同，有的穿着黑西装，有的披着白斗篷，还有的穿着各种颜色凑成的礼服。鸟儿们叽叽喳喳地叫着，仿佛在向游客们传递着快乐的音符。鸟语林里随处可见鸟儿的家，鸟儿们挤在一起，凑在一起，住在一起，玩在一起，让人感受到家的温暖。

炎炎夏日，森林公园的高山流水、鸟语花香汇聚在一起，仿佛一首悠扬委婉的古琴曲，带给每一位游客清凉和惬意。

说不完的故事

高 宏

我的家乡在中国的首都北京，这里有许多名胜古迹，有富丽堂皇的故宫、古色古香的颐和园、雄伟壮丽的长城，还有巍峨壮丽的天安门城楼。天安门城楼坐落在天安门广场的北面，天安门广场中心有永垂不朽的人民英雄纪念碑，纪念碑的东面是藏着无数奥秘的国家博物馆，博物馆的西面是庄严的人民大会堂，国家的重要会议是在这里举办的。这里有闻名世界的体育馆：雄伟壮观的鸟巢、亮晶晶的水立方，等等。

北京有各种各样的博物馆，有坦克博物馆、航空博物馆、汽车博物馆、火车博物馆、科技馆、天文馆、地理博物馆、自然博物馆、恐龙博物馆、美术馆等等，每个博物馆都有不同的风格，陈列着不同的展品，在这里能学到很多的知识，并能找到自己想要探寻的秘密。

北京还有古老的四合院，大杂院和各种各样的胡同。胡同里有川流不息的游客，他们来自世界各地。胡同里售卖各种各样的北京特色小吃，有酸酸甜甜的冰糖葫芦、驴打滚、爽口的爆肚、麻豆腐、稠稠的卤煮、炒肝、香脆的灌肠，等等，还有北京老字号的烤鸭和炸酱面。这些小吃在前门大栅栏或者一些北京特色饭店都可以吃到。大栅栏有小朋友都喜爱的铛铛车，我最喜欢跟着铛铛车赛跑。

北京有看不完的景色，吃不完的食物，说不完的故事。

我家有只"霸道羊"

辛晨风

　　我有一个弟弟，才两岁半，因为是在羊年的阳春三月出生的，所以爸爸妈妈叫他洋洋。可此"洋"非彼"羊"，羊是温顺乖巧，可他却是横行霸道，所以我又给他取名叫"霸道羊"。

　　"霸道羊"那圆圆的脸蛋儿上嵌着一双水灵灵的大眼睛，像黑色的葡萄。眼睛下面是一个小小的鼻子，这鼻子还很灵敏，像狗鼻子一样。鼻子下面是一张粉嘟嘟的大嘴巴，嘴巴里长着几颗漂亮且尖利的虎牙，可爱极了。

　　"霸道羊"可霸道了，有一次，我把家里最后一根冰棒给吃掉了，"霸道羊"生气了，于是拽着我的衣服追着打，张牙舞爪地扑向我，露出那尖利的虎牙狠狠地在我手臂上咬了一口。妈呀，这次第，怎一个疼字了得呀！还好妈妈及时来制止了他，要不然我可就葬身在这"霸道羊"的虎牙之下呀。

　　羊吃草，可"霸道羊"却不吃素。羊是细嚼慢咽，"霸道羊"却是狼吞虎咽。平时家里的饭菜中，只要有肉，他绝不碰素，即使没肉，他也绝不找素。还有一次，妈妈买了一个大芒果，他一见到立马抓起来就啃，大口大口地吃着，恨不得把整个大芒果给吞下肚，真是一副狼吞虎咽相。

　　"霸道羊"不仅霸道，还很活泼好动。他最喜欢的运动项目就是跑和跳。只要一有空，就立马出来跑几圈，如果说有吃的，他就更有劲了，像小哪吒踩着风火轮，急速飞奔过来。"霸道羊"还很能跳，能跳很长时间，跳得也蛮高的。有一次要跟我比赛，还超过了我，他高兴地连蹦带跳地跑过去告诉妈妈，兴奋地说："妈妈，妈妈，我赢啦！我赢啦！"

　　怎么样，我这个弟弟霸道不霸道，活泼不活泼？你们喜欢我这个"霸道羊"弟弟吗？

我的捣蛋鬼妹妹

王　洁

　　我那刚满四岁的妹妹，剪着齐耳短发。她最喜欢看动画片《爱探险的朵拉》，她觉得自己像剧中可爱的朵拉，但是我觉得，她就像那只捣蛋鬼狐狸。

　　我的捣蛋鬼妹妹，经常不好好吃饭。刚开始的时候还很乖巧，正襟危坐，左手端着碗，右手拿着筷子，规规矩矩地夹菜吃饭，细嚼慢咽。可当她吃到七八成饱的时候，就开始捣乱了。只见她，用两手掏菜抓饭，把头高高昂起，将菜饭一股脑儿送入口中；接着把头伸到大汤盆里，吸溜吸溜地喝汤，一副猪八戒的模样，最后舔舔唇，呷呷嘴，把盆子倒扣在头顶上，敲得"当当"响，那手舞足蹈的滑稽模样，像足了街头卖艺的，就差拿着盆，叫我们赏银两了。

　　这捣蛋鬼最可恨的，是肆无忌惮地"侵略"我的"领地"。她常常溜进我的房间，左转转，右逛逛。我写作业的时候，她就站在桌旁，托着腮帮，侧着脸奶声奶气地问我："哥哥，你什么时候写完，陪我下去玩呀？"有几次，好端端的解题思路就这么给打断了。我生气地捏住她那粉扑扑的圆脸蛋儿，想轰走她。

可她哪有那么好惹？小脸顿时涨得通红，叉着小腰，厉声喊道："哼！就是要你陪我玩！"我要是不答应，她就伺机捣乱，翻我的书包，拿我的课本，画我的作业。一旦她闹过一场，我的房间必定乱七八糟，狼藉不堪，既像日本侵略者扫荡过的村子，又像齐天大圣闹过的天宫。捣蛋鬼扬长而去，我简直欲哭无泪！

可这捣蛋鬼也有特别乖巧的时候。当我上网络课时，她也爱来凑热闹，端坐在我身旁，目不转睛地盯着屏幕，嘴里念念有词。她背诗时，一本正经，摇头晃脑的，让我自叹不如！当她激昂地朗读"这被暴风雨所打击着的土地"，当她低沉地吟诵"错错错、莫莫莫"，当她高亢地喊"五花马，千金裘，呼儿将出换美酒"时，我那从来不读诗的爸爸惊讶得眼睛都瞪圆了，将她搂住，在脸颊"啧啧啧"地亲个不停。她则满意地笑着，露出洁白的牙，眼睛眯成了线，显得格外得意。

这个长得像朵拉一样的捣蛋鬼，时而和我亲密无间，时而和我"反目成仇"，真是让我又爱又恨哪！

我家的"卫生部长"

黄秋杰

从记事起，我就知道妈妈很爱干净。爸爸笑称她像个"卫生部长"，久而久之，竟成了固定绰号。"卫生部长"的一天，是在洒扫中开始的。椅子沙发，锅炉灶台，无一不至。不管是头发丝、棉絮还是尘埃，在我家都无所遁形。她最看重的是地板卫生，取来一桶水，手持一张大棉帕，沾湿了以后，就跪在地板上一道一道地抹洗，条条的水痕，像是精心耕耘的田垄，又像是天上道道的彩虹。她忙得腰酸背痛，但脸上的笑容犹如绽放的花朵。

"衣贵洁，不贵华。"这是我家"卫生部长"的至理名言。小时候，我们一玩耍起来就忘了叮嘱，随处席地而坐，摸爬滚打，上蹿下跳，早上还干干净净的衣服，晚上就已经面目全非了。"部长"妈妈当然免不了唠叨几句。然后她把衣服拿去浸泡、揉搓、涤荡、拧干，然后置于空旷处暴晒，再收起整平。每天，我穿上干净的衣服，好像浑身都散发着太阳光的芬芳味道，被温暖重重包围，某种自豪感油然升起。

后来，我家开了煤气店，"卫生部长"就把此等卫生标准带到店里去了。别家店面，对客户送来的那些锈垢斑斑的煤气罐，熟视无睹，帮忙加满煤气便原罐送回，我家"部长"可另有一番风范。不论炎炎夏日，还是凛冽寒冬，她每天戴上橡皮手套，穿上雨靴，把煤气罐外面的油渍污垢，全部刷洗干净。

送来修理的煤气炉子，沾满了油盐酱醋，像油画布一样斑斓。她用铁丝钩缝隙里的污垢，用棉签掏炉心里的残渣，用钢圈刷表面的锈斑。总之，客人送来的是"大花脸"，她必定要还人家一个如新锃亮的。她的执着讲究，她的一丝不苟，赢得了街坊邻居的信赖，赢得了同行对手的钦佩。

我家的"卫生部长"，几十年如一日地操劳，皱纹爬上了她光洁的额头，岁月染白了她油亮的青丝，柔嫩的纤纤细手也变得像老树皮般粗糙。我家的地板天花板、家具器皿、衣服被单，店里的煤炉气瓶，都见证了"部长"妈妈的与众不同。我们以前埋怨她，如今却越发钦佩她。

可爱的贝贝

朱　杰

　　我们家养着一只小狗，它的名字叫贝贝。

　　我每天放学一回家，它就竖起身子"汪汪"直叫，好像在说："跟我玩吧。"我做完了作业，就蹲到它面前，抚摸它那洁白而又光滑的毛。贝贝有一副花脸蛋儿，脸蛋儿上有一双水灵灵的大眼睛，眼睛下面有一张模样可爱的嘴。贝贝身子底下有四只瘦长的爪子，行动非常敏捷。贝贝总是翘起那条毛茸茸的尾巴，你瞧，它那样子多威武呀！

　　贝贝最喜欢吃骨头。一天，我吃完了排骨把骨头喂贝贝吃，看它吃得那样香，我心里美滋滋的。

　　贝贝洗澡时很有意思。有一次，我给它洗澡，它却沉到水中，四肢展开，像在河里游泳似的。它站起来时溅了我一脸的水。过了一会儿，它洗完了，从池里出来，又蹦又跳的，还"汪汪"地叫着，好像在感谢我呢！

　　贝贝真是一只可爱的小狗！

我的好朋友

张小芳

一天，爸爸买回来两只小鸭子，一只是绿的，一只是红的。

我问爸爸："鸭子吃什么？"爸爸说："白菜。"我就拿出白菜剁碎，给鸭子吃。它们吃饭的样子特别可爱，脖子一伸一缩的，吃得很快。

一天，天气晴朗，我把两只小鸭子带到院子里玩，它们走路一摇一摆的，像企鹅一样。这回我也注意到它们的样子了：身子横着，长长的，眼睛黑黑的，脚掌像个"山"字。它们一会儿跑到这个车底下，一会儿跑到那个车底下。唉！真让人难追。

一个月之后的一天，我偶然发现其中的一只蔫了，非常虚弱。过了两天，它竟死了，不知道是什么病。又过了几天，另一只也死了。我的心里很难受。

我失去了两个好朋友。

多多的趣事

肖静娴

多多是我饲养过的一只小鸭子。它是在北公园与我见面的。当时它在笼子里焦急地叫着，我看它那可爱的样子，就缠着妈妈把它买了下来。

这是一只刚出生不久的小鸭子，长得可爱极了！它一身金黄色的羽毛，涂了蜡似的小黄嘴微微地颤动着，发出轻微的叫声。它那黑珍珠般的小眼睛镶嵌在圆圆的脑袋上，两条细细的小腿，走起来像刚学会走路的小孩儿，一摇一晃，很有意思。

刚来我家的那几天，多多只是在笼子里，沿笼子四周走动。这样久了见我不常管它，胆子渐渐大起来。刚开始它离我较远，试着一点点挨近我。再后来无论我走到哪里，它总是跟在我后面。

我和多多之间有许多有趣的事，有一件事让我难忘。这件事发生在夏季，那天我和小伙伴一起逗多多玩，我们跑让多多追，玩得快乐极了。多多在和我们玩耍过程中，它那漂亮的绒毛弄得脏兮兮的。不知谁喊了一声："给多多洗个澡！"大家都觉得是个好主意。于是我们把多多放在一个不深不浅的小红桶里，然后在桶里加入热水让多多洗澡，小朋友王燕又摘来几朵花放进桶里。多多果真洗起了澡。不知过了多长时间，我们玩好了，多多也洗好了，我便把多多从水中抱出来。出水后多多本来蓬蓬松松的绒毛紧紧地贴在身上，把多多放在地上它却站不起来。这时我们才觉得大事不好，赶忙拿来一块干布把多多包起来。我紧紧地抱着它，它在我手中颤抖着。多多眼睛里发出微弱的光，半睁半闭，它的眼神里有悲伤，有痛苦，好像在责备我说："小主人你为什么要用热水来给我洗澡？时间还那么长！"突然一滴水滴在我手背上。是多多，是多多的泪，接着两滴、三滴，一共滴了三下，每滴一下我的心就痛一下。慢慢的，多多身上的毛干了，我试着让多多在地上走，但是它一走就摔倒了。我不灰心，一次、两次、三次……多多终于站起来了，还向前走了几步。多多好了，多多好了！我们欢呼着，那时我不知有多高兴啊！我心里的大石头总算落地了。

经过我的精心"养育"，多多现在已经变成一只大鸭子了。自从多多来到我家，家里就充满欢乐，我也多了一个好朋友。

我的小伙伴

马星宇

我家有一只小鹦鹉，它非常漂亮。

小鹦鹉的头顶是一片褐色的羽毛，像戴了一顶小帽子。它的红脸蛋儿上长着一个尖尖的钩子似的火红火红的嘴，嘴上边有一道白，两侧长着两个小小的鼻孔。它的头部两侧镶嵌着一对黑珍珠似的小眼睛，眼睛外边还有一圈白毛。那薄膜似的眼皮常常迅速地垂下来，又很快地掀起，一眨一眨的，非常有趣。

小鹦鹉的脖子上有一圈黄色的羽毛，好像戴着一条金项链。它背上的羽毛像翠绿色的外衣，胸前的羽毛像红色的围巾。它翅膀和尾巴上的羽毛五颜六色，有黑色、紫色、宝石蓝、翠绿色和粉红色。它的一双火红的小爪还分着节呢。

小鹦鹉的胆子小，警惕性高。每当我靠近它时，它那双小红爪便沿着木棍迅速地挪动、躲闪。有一次，我用眼睛紧盯着它，它就吓得惊慌失措，从木棍上掉了下来。幸亏它半道张开翅膀飞了起来，要不然它就摔到地上了。

小鹦鹉那清脆悦耳的叫声，给我的生活增添了无限乐趣。每天早上，小鹦鹉总叽叽喳喳叫个不停，好像在说："起床了！起床了！”吵得我不得不赶快起床。

　　小鹦鹉是我的亲密伙伴。

温情的对话

温 暖 的 家

魏 然

我有一个温暖的家，家中有善解人意的老爸和勤劳细心的老妈。

家是一缕明媚的阳光，可以温暖我的心田。记得有一次，我和朋友相约周六去新华书店买书，谁知在寒风中等了好久，始终不见朋友的踪影。我闷闷不乐地回到家，把自己关进房间里生闷气。这时，爸爸轻轻地走进来，端着一杯热腾腾的牛奶，握住我冰凉的手说："我的小宝贝为什么不开心呀？"我哭丧着脸说："说好一起的，她真是个言而无信的家伙。"爸爸摸着我的头微笑着说："每个人都有疏忽的时候，也许她忘了，也许她有更重要的事情……要宽容一点儿。"爸爸这一番和煦春风般的话语吹走了我心底的寒意，我有这样一位善解人意的爸爸，我还有什么理由不开心呢？

家是一条叮咚流淌的小溪，带走了我无数的烦恼。放学了，我背着沉重的大书包，摇摇摆摆地走在回家的路上，耳畔还回荡着老师批评的声音，再想到回家要做那么多作业，我的头昏昏沉沉的，心情也糟糕透了！回到家，妈妈看出了我的烦躁，她说：

"作业多，不用怕！统统拿出来，分分类。"说完，便陪着我一起将作业分类。在妈妈的帮助下，我很快进入了学习状态。

　　家对我而言，是一个温馨的港湾，是一台烦恼的吸尘器，是一把打开快乐天堂的钥匙。我爱我家，更爱我的爸爸和妈妈。

珍惜一杯茶

宋欣颖

时间的脚步沧桑了岁月的年华，古老的城墙刻满了流年的沙。现在想来，生活中，我们忽略的一些小事，往往最值得我们去珍惜。

那天早晨，我睡得正香，就被妈妈叫醒了，我只好极不情愿地爬起来，开始一天的生活。上学之前，妈妈照例为我准备了一杯茶，让我带到学校，瞌睡的时候喝上一口，提神醒脑。可不知怎么的，我忽然不想带了，径直与妈妈争吵起来，不想在推搡之间，一失手，杯子掉在地上，碎了。我提起书包，向学校跑去，飘了一屋子的茶香气，被我甩在了身后。

中午午休结束的时候，面对黑沉沉的天空，我担心起来。压抑的空气，预示着暴风雨将要来临。我一摸书包，没带伞。这时，一声闷雷在天空炸响，接着一道闪电划过天际，雨，倾盆而下。我看看时间，还早，再等等，一会儿可能就小了——我心存侥幸。雨越下越大，我咬咬牙，冲进雨中。

经历重重困难，我来到了教室。我的鞋子全湿了，裤子也湿了下半截儿，"战绩"辉煌。风吹过来，我打了个寒战，缩成一团。

终于熬到了第三节课下课。我的脚已经毫无知觉，麻木着。班主任走过来，告诉我放学到大门口，我妈妈来接我。我想起早上的事，不知该怎样面对妈妈。

放学了，同学们都回家了，我才缓缓地站起身，推开门，走出教室。风吹着我，我飞快地走着，却希望路能再长一些，再长一些……可是，该来的还是会来，我看见了妈妈，妈妈打着伞，拿着一个包，站在雨中。我的心一下子提了起来。

妈妈一见我，就把伞递给我，又递给我一个杯子。杯子中装满了热水，茶叶漂在上面，水变绿了。我捧着杯子，手里暖暖的，嘴里却说不出话来。妈妈只微微笑着，催促我快喝，别凉了。我低下头，咕嘟咕嘟，咕嘟咕嘟，几口喝完。感觉心里满满的，不知是茶水的暖还是妈妈的爱；眼前蒙蒙的，不知是雨水还是泪水。

现在，妈妈还是每天都为我准备一杯茶，我学会了珍惜。每次喝的时候，我都能感到妈妈对我浓浓的爱。我会珍惜每一杯茶，珍惜妈妈对我的每一份爱。

绿 意 闪 现

方 舒

窗台上的花盆中，安静地深埋着一颗小小的种子。

我坐在书桌前，望着那个花盆发呆。一颗埋在其中的种子，似乎只有黑暗陪伴，无穷无尽的黑暗。

窗外风大了，拍打着窗户。浓浓的乌云散布在空中，越来越浓厚。花盆中的沙土开始缓慢滚动。一小滴雨珠落入花盆中，紧接着，一滴，又一滴，我心中悄悄一紧，只觉呼吸有几分沉闷。

忽然，门开了。你进来了。

紧锁的双眉，阴沉的面色，极度愤怒的目光，我心中一阵忐忑：难道被发现了？

你看了我一眼，一言不发地走到电脑桌前，原本就温度极低的空气，一下子降至冰点，近乎于凝固。

我同样没说话，强装淡定的脸庞上有一丝紧张。我不自然地坐在椅子上，大气也不敢出一下。

时间一分一秒过去了，我原本一片空白的大脑渐渐活跃起来。心中自责、后悔的情绪翻腾着，夹了那么一点点的希望。

唉，我为什么要干这件事呢？明明知道不能做。可是，我实在是喜欢看呀。别人可以看，什么时候都可以，我要求也不高，写完作业干完"活"了总可以看吧？你还是不给！节假日看总行吧？还是不给！那……那我只好偷偷看了。

沉默，还是沉默。无尽的沉默。

终于，你冷冷的声音响起："给你手机是干什么的？"

"学习……"我小声地回应道。

"那你拿手机干什么了？"你声音越发冰冷，让我不由自主地想缩起来，缩成一个团，蹲在角落里，让别人看不见才好。

"看……看漫画。"

你冷冷地看了我半晌，我大气不敢出一个。你起身出去了。

我仿佛抽尽了所有的力气，瘫坐在椅子上。

不关我的事，是你不给我看，我又想看，只能偷偷上网了。再说就算我现在不看，在学校同学们给我看，我一样能看啊！

我在心中不满地想着，原来还有的几分后悔，渐渐变成了不满与辩护。

不满的情绪愈加浓烈，手不断搓捻着衣角。但在下一秒，一个小小的声音在心中响起。

但不管怎么说，是你错了啊。爸爸已经不让你干了，你还要干，挨骂是应该的。

泪水悄然浸满了眼眶，我为自己的辩护而羞愧。

很多时候，我们做错了事，第一件想干的事，恐怕就是为自己找理由。可我们已经长大了，应该要为自己的行为买单了。

这也是你一直希望我明白的吧？我明白了，我长大了，我懂了。

恍惚间，窗台外雨大了，而那花盆中一抹绿意闪现。

妈妈，谢谢你的爱

张靖苑

是谁陪我看花开花落，是谁陪我走过十几个春夏秋冬，是谁陪我度过每段坎坷时光……是你——我的妈妈。感谢你给了我那么多的爱。

小时候你对我说："要微笑待人，因为微笑是一种美好心情的释放。"我不懂，但我照做了，不管是熟悉的朋友，还是陌生的路人，我都会给他一个灿烂的微笑。我也有收获，我收获的是他们回应的微笑。我渐渐长大，也懂得了微笑的含义，它是快乐幸福的体现。每当走在路上，我都会给予他们微笑，他们可能会诧异于一个素未相识的人向自己微笑，但出于礼貌，他们也会回你一个微笑，这个小小的举动让我的朋友变多了。每当我伤心难过的时候我就会提醒自己微笑，不一会儿，心里的难过会渐渐退去。心中的巨石也渐渐消失。妈妈，谢谢你给我一颗积极乐观的心和一群活泼阳光的朋友。

每当我遇到困难的时候，你总会帮我解决，我渐渐长大，你也慢慢开始放手，让我自己来，自己做。开始，我以为你不爱我不想帮我，可后来我明白了你的用心良苦。妈妈，谢谢你，给了我坚强不屈、自立自强的性格。

我在长大，你也在老去，你总说些矛盾的话，说快长吧，长大了就不用操心了。但你也经常说，真希望我慢些长大，这样你还能再抱着我久些。

妈妈，你为我付出太多了。你让我过上了衣食无忧的生活，你让我懂得了人生的道理，你总是做我遮风避雨的港湾。妈妈，你对我的付出，我这一生都偿还不完。

妈妈，你为我付出了太多！

奶 奶 的 爱

何 苗

　　我的奶奶年过七十。脸上的皱纹很深，面容慈祥，头发花白，但精神矍铄！由于长年劳作，奶奶的手指关节变得粗大，背也像月亮一样弯弯的。

　　我爱我的奶奶。尽管我也曾对她有过埋怨，怨她有时对我的误解，甚至还有"暴力"。但随着时间的流逝，我慢慢地长大，更多地感受到了奶奶对我天然的爱！爱得不加掩饰，不计回报。闭上眼睛，许多往事都历历在目。

　　记得有天傍晚放学时，突然下了好大的雨，雷电一闪一闪，像要撕裂整片天空，很是可怕。还有引雨伴舞的风，围着我绕来绕去，我的全身湿透了，也冷极了。看到同学们一个个先后被家人接走，我感到特别的孤独和无助！

　　就在这时，一个熟悉的身影突然出现在我眼前：我的奶奶弓着瘦小的身子，满脸焦急，跑到了我的身边。我仔细一看，奶奶一手拿着伞，一手拿着大衣，由于走得急，裤子和鞋子都已经湿透了。我突然鼻子一酸，紧紧抓住奶奶的手，感受到雨伞之下的满满的亲情和爱意！我在心里一直叨念："奶奶，我爱您！今后我一定要报答您！"

　　奶奶，我的好奶奶！感谢您对我的爱，感谢您陪伴我十一年，我希望还有十二年、十三年、十四年……直到永远。

温情的对话

山嘉璐

记不起从什么时候开始，在每天睡觉前，我总会看到妈妈坐在电话机旁，心不在焉地看着书，她还会时不时地抬起头来，望一望墙上的钟表。"嘀嗒、嘀嗒……"挂钟在百无聊赖地转着圈子。

突然，"叮——叮——叮——"钟声响起来，总共十下。这是我上床睡觉的时间，而每当这个时候，妈妈就会立刻放下书本，迅速地拿起话筒，轻巧熟练地按着号码，电话键的声音既清脆，又悦耳。然后静静地等待电话那头接起，这一刻，妈妈脸上的表情总是显得那么愉快！

这是我们家每天晚上十点钟的固定"节目"，妈妈会准时给住在老家的姥姥打电话。

"喂——"几秒钟后，从听筒中传出一个亲切的和缓的声音——这声音是姥姥的。

"喂——妈，你睡了吗？"妈妈这时也用家乡话，拖着长腔，回应着姥姥。

"哦——是凤秋啊！"姥姥唤着母亲的小名。听着那语调，直让我回想起了妈妈叫我小名时的那种温柔。"没睡。"姥姥赶忙回答。

"这么晚了，您怎么还没睡呀？"妈妈像一个小孩子一样埋怨着姥姥，"我不是说过了嘛，今天可能有事就不给您打电话了。"

"当然是在等你的电话啦！"姥姥在电话那头咯咯地笑了起来，谁也不知她在高兴些什么。

通常情况下，她们总是会像这样聊很久，从不低于一个小时。她们聊的无非是姥姥村里的谁谁谁娶媳妇啦，谁谁谁生孩子啦，谁谁谁去打工啦，好久没回来，等等诸如此类的鸡毛蒜皮的小事。我也从来不注意听她们的谈话内容，我所注重的，是她们说话时那浓浓的乡音，那种虽然听起来土里土气，但却让人感觉温暖的家乡话的语调。

看着妈妈满脸荡漾着的幸福，我的心中似乎明白了些什么——原来亲人之间的感情，不一定非要每日相见，因为会有山水阻隔，但是一根电话线就足以让母女两个心满意足；也不一定非要每天通话，因为线路会出现故障，这时只需要在她们的心中悄悄地彼此挂念。

过年真好

王劲升

腊月二十九一过，便是除夕了。"大人望种田，孩子望过年。"说得真对，在鞭炮声的祝福中，我一骨碌爬起来，辞旧迎新——和老爸贴春联。

火红的对联贴出了喜庆，我笑呵呵地缠着老爸讨红包："老爸新年快乐……我的红包呢？"老爸笑出声来，右手立刻从兜里掏出个红包来。"给给给，新年快乐！"我跳得老高，一把接过红包，银铃般的笑声充满了整座房子。

正午一到，一家人便吃团圆饭了。吃饭前，老爸会先到院子里放一挂鞭，在噼里啪啦的响亮中，妈妈将热气腾腾的饺子和其他各种美食端上了餐桌，一家人其乐融融，热闹的声音飘出了院子。

第二天，街坊四邻忙着串门拜年。我爱热闹，跟着老爸挨家挨户拜年。"叔叔新年快乐，祝您走红运发大财！""好好好！真乖！"满满的祝福语承载着满满的爱，所到之处，只见各家主人都笑眯眯地给我水果、饼干，我的小荷包被塞得满满的。

"过年好，家家户户放鞭炮……"儿歌萦绕耳畔，我在这火热的氛围中静静享受着这份喜悦——过年真好！

做面食，贺新春

吴文源

都说团聚看起来很容易，但实际上又最不容易，除夕前一天，我们一家女眷便借这短暂的岁末时光，亲自上手烹制贺岁迎春的美食。这即将要做的，其实并不难，只不过是将一团团揉好的面做出各种样式，再放入油锅里炸，等它们呈现出酥酥脆脆的外表，就能够大快朵颐了。这种食物有个颇有趣的名字，叫作"炸面叶"。

我洗净手后，便愣愣地站在原地，看着巧手的妈妈往还未完全融合的水与面粉中加蛋清，三下两下揉作一团。待到它表面光滑整洁了，内里也韧性十足了，就在面团上盖一块洁净的毛巾，随后还需等待一段时间。我和姐姐将菜刀冲洗擦拭完毕，"磨刀霍霍向面团"。

不久之后，在妈妈和小姨的指导下，我俩就开始完成最主要的工序了。一开始切割面团时，倒是十分容易，哪怕我们执刀的姿势还不是完全娴熟，切好它的一个个小分身也是不在话下。可是接下来，想象力丰富的我们俩，或许是因为脑子里主意太多太繁杂，对着满桌白花花的小面团竟无从下手，只敢先比比画画构思想象，不敢实践，生怕一不妥帖就弄毁了一个。

旁观的小姨都看不过眼了，让我们上交菜刀好好看着。只见她刀刀下去干净利落毫不迟疑，不过十几秒工夫就揉压摆弄出一个最传统的三角样式。她只是举了个简单的例子便不再动手，示意我们姐妹俩放心大胆地发挥创意，如果真的搞砸了再善后也不迟。在小姨的鼓励下，我们消除顾虑，袖子挽得高高，开始大胆干了起来。再看看桌子上，姐姐捏出的面叶造型凌乱，我的杰作更是让人不忍直视。

"哎，下锅啦，下锅啦！"欢快的叫嚷声中，烧开的油锅里，一枚枚被玩出新花样的面叶逐渐变得澄黄酥脆，我和姐姐眼疾手快地捞起一些品尝，刚出锅时热腾腾的还带着几分嚼劲儿，火候正好，不由得心花怒放，齐声称赞："真好吃呀！"

姥姥门前唱大戏

乔 珊

　　我家附近有一间剧院，正月这几天演花鼓戏。这一天，我兴高采烈地拉上妈妈与外婆共同前去捧场。

　　要说这花鼓戏的妙处，便是朴实活泼，还有几分明快，融入了当地特色与劳动人民的生活；就连音乐也是民间乐器所演奏，营造出浓郁的气氛；唱腔和对白更直接糅入地方的方言，让观众易懂，契合其"源自生活，高于生活"的主题，很容易让人人情入境。整体而言，这是一种俗中有雅的民间艺术。

　　我们看的这一出，讲述了一名善良的富家女子三番两次被继母与妹妹陷害，最终逼不得已，在好心兄长与忠诚仆人的帮助下得以上京申冤成功，而心肠歹毒的人终究是走上了害人害己的路。

　　一场戏下来，热热闹闹酣畅淋漓，锣鼓齐鸣，二胡拉响，情景渲染得十分到位，该凄凉时水袖一抛惹人落泪，该欢喜时感触满满笑由心生。这出戏中，无论是兄妹亲情，还是主仆恩情，抑或是继母妹妹悲凉的结局警告人们不要贪图利欲，都以十分通俗浅显的方式呈现在人们眼前，不必言明然而心中自知。

　　外婆年纪大了，平时看电视总是打瞌睡，往往八九点就要睡觉。然而这次的戏足足从七点演到九点，坐在我身边的外婆竟一直没有困意，眉眼不时映出光彩，看得特别投入。

　　这是我头一次看花鼓戏，不能说被牢牢地抓住了情绪，但也是全身心都投入到了其中，去细细体会这种流传多年的民俗演出。戏终散场，我依旧在琢磨戏里演员的一个动作，一个唱腔，或许看似普通的，偏又最韵味十足吧。

春 节 赏 景

殷泽芹

这个春节，我们家中特别热闹，这是因为小姨携着一家人千里迢迢从苏州赶回陕西过年。

小姨多年前远嫁南方，大家一两年才能聚上一次。他们不辞辛苦远来难得，我们自然要好好珍惜，于是就安排了一个天气温凉适宜的日子，一起去被誉为"秦岭第一仙境，天下最险道观"的塔云山，赏景祈福。

登山的时候，我和姐姐一起走在最前面。这塔云山虽比不上华山那样天险，但该让人冷汗直冒的地方还是一点儿都不含糊。上山时累得上气不接下气便不说了，下山的时候，到了真正陡峭处，台阶便显得有些高而密集，一个连着一个，十分紧凑危险。而这时，姐姐就会松开我的手，先下去探路。

我站在高一些的地方，看着她面色专注，左手牢牢抓住栏杆，脚紧贴着台阶侧面，一寸一寸试探着伸下去，直到稳稳当当地踩好，然后再换另一只脚，就这样小心翼翼地到了平缓处，才仿佛放下一颗高悬的心。我见她已经安全过了这段路，便也准备照猫画虎攀着栏杆往下走，无意间一抬眼，却看见姐姐站在下面，神情很认真，微微张开双臂，似乎是怕我站不稳，想伸出手来帮我一把。看着她这样一本正经的模样，我突然之间觉得有点儿好笑，但是并不能完全说清楚那一刻心里的感受，只一点儿一点儿谨慎地下了石阶，紧绷的心弦还是松弛了许多。到最后一步的时候，她凑得更近了点儿，我终究卸掉了那些紧张，把手撑在她前来扶我的胳膊上，轻轻跳下去。

再回头去看那些步履稍慢的大人，外婆的两个女儿一左一右搀着她，耐心地陪她走走歇歇，不觉也到了那个危险的路口，我不禁有些好奇，腿脚相对不太便利的外婆要怎么走下去？只见妈妈在后面扶着，小姨在前方接应，远远看去，三个身影依稀重叠，是化不开的暖意。

我与姐姐只顾赶路，而大人们却频频凑在一起拍照，想是为了留住这美满的片刻，以后回忆时也能有所凭据。镜头中无意录入了那满山悬挂应景的红，或深或浅却无一不象征着好的兆头，与这个全家欢喜相聚的时节，再相衬不过了。

好想回到幼儿园

何 礼

刚打过上课铃，班上那位泼辣的女生夏仁红就叫了起来："老师来了，老师来了！"虽然大家都知道今天要考试，可是那些没有复习过的人还是禁不住慌张了起来。要知道，考差了，在学校会挨批评，回家还要被"改造"，那滋味可是不好受的。我的心里也七上八下起来。

过了一会儿，门前闪过一道熟悉的身影，是老师来了。只见他拿着一摞试卷走上了讲台，说："安静了，马上考试，祝大家考好！"教室里的气氛顿时紧张了起来。

拿到试卷，同学们就迫不及待地动起笔来，教室里只听见沙沙的答题的声音，像春蚕在咀嚼桑叶，像禾苗在吮吸水分。同学们个个神情严肃，有的浓眉紧锁趴在桌上，有的侧着脑袋冥思苦想。考场如战场，这句话没有错。你看，同学们不都投入紧张的战斗之中了吗？

时间过得飞快，两节课过去了，老师催着大家赶紧交卷。安静的教室里一下子沸腾起来，同学们交卷的姿态各异：有的潇洒地走上讲台，显得胸有成竹；有的慢吞吞的，眼睛还盯着试卷不放；有的弓着腰，正在赶写最后几个字。交了卷子后，有的在翻答案，有的愁眉苦脸，有的呼天喊地，有的摇头跺脚，有的眉开眼笑。

唉，好想回到幼儿园呀，那里没有考试。

青 青 杨 柳

王彦杰

那次考试之后，我终于明白了"骄傲使人落后，谦虚使人进步"。

这学期的期中考试，我认真地准备、复习，一点儿都不敢放松。功夫不负有心人，我的成绩突飞猛进，一下子排在了班里的前几名。

考到好成绩的我开始沾沾自喜：上课说话打扰同学，下课嬉戏打闹，回到家便将作业胡乱完成，功课也不再温习……期末考试又来了，果然，我退步了。

妈妈失望地对我摇着头，爸爸对我强颜欢笑地说了句"加油，下次努力"后，便转过头自己默默叹气……

一片枯黄的落叶随风而下，望着此时的杨柳，它像极了我。但是，我并不沮丧，春天会来，它也会发芽重绽光彩。或许，那时的我会同它一样重绽光彩……

我不相信眼泪

李　敏

　　天空灰蒙蒙的一片，好像一个坏脾气的老头儿，始终阴着脸，空气中到处是烦躁的气息。我望着手中这份试卷，刺目的鲜红似乎在嘲笑，又好像在讥讽我可怜的成绩。我像一只失去了方向的鸟，在黑暗中徘徊，不知道前进的方向。

　　抓起大衣，推开门，冲出房间，我跑到了大街上。这硕大的天地本应让我心情放松，却更加剧了我的烦躁与不安。泪水盈满眼眶，一回头，恰巧遇到了那条迎风飘来的柳絮。

　　那条柳絮刹那间引起了我的关注。我细细地观察它，发现它是那样柔软细小。但它柔弱的外表下有一颗无比坚强的内心，支撑着它勇于面对风雨的挑战，更无畏挫折磨难。它始终凭借自己的力量战胜挫折困难。它是那么灵动活泼，像是光明的使者；那么生机有活力，在我的心灵庭院里，优雅飘扬。

　　一瞬间，我好像明白了什么。风雨袭来，柳絮顽强不屈，它没有选择消极，始终以饱满的姿态迎接挑战。即使掉落在尘埃中，化作春泥更护花，对它来说也是一种圆满。如今，这小小的柳絮携着强大的正能量向我奔来，我的心被震撼了。

是啊，柳絮如此微小却也懂得向困难挑战，坚定信念，毫不放弃，而我，正值花样年华却因一次次测验失败就垂头丧气，迷失了前进的方向，甚至几欲放弃。跟柳絮相比，我是多么卑微啊。

忽然，阳光穿过云层，温暖的阳光照射到我身上，格外温暖。是的，我也应该坚强面对生活的各项挑战。我将用柳絮带给我的希望驱走阴霾，用它赋予我的信念划破迷茫，迎接每一天的朝阳。一抬头，那柳絮仿佛正向我微笑呢。

风又起，那柳絮似乎乘着一抹阳光来到了我的心田之上，顷刻间，我的心灵世界光芒万丈。

最奇妙的旅行

梁　健

夜幕降临了，深蓝色的天空中点缀着亮闪闪的星星，我慢慢闭上了眼睛睡着了……

我梦见我登上了太空，看见了许多星星，有颗星星看见我，对我说："欢迎来到太空，这里是星星家旅。"刚说完就有一大群星星围着我转圈，还有一些小星星钻到我的脖子里，给我做了一条项链，我带上它显得格外漂亮。

我和小星星们在聊天，突然出现了一颗又大又亮的星星。小星星说："这是星星使者。"星星使者说："我带你玩吧。"我点了点头，转眼间，我到了星星游乐园。"哇！"我不禁感叹道，这里真大呀，而且游乐项目跟地球不一样，有太空迷穹、太空飞船等。我把这里的游戏项目都玩了一遍，真是好玩呀！星星使者说："再去一个地方吧！"突然，我到了太空森林，这里的大动物都变小了，小动物都变大了，而且这里的树是巧克力做的，草是薄荷糖做的，小溪是牛奶做的……我咬了一口巧克力树，真甜啊，我又喝了一口牛奶小溪，啊！真甜，真香……

"丁零零……"闹钟响了，我从床上爬起来，还忘不了那个梦，忘不了这么奇妙的旅行！

旅 行 伴 侣

阎依彤

如果你独自架船环游世界，如果你只能带一样东西供自己娱乐，你会选择哪一样？一本有趣的书，一盒扑克牌，还是一只口琴……

如果你问到我，我会选择一部相机。

有人不解，相机除了照相，还有什么用呢？

可我认为，我在这一路上，不只是照相。

你总可以从一张照片中发现新东西，发现你想不到的东西，发现你从未见过的风景以及事物。

所以，我愿意坐在自己的船里拍一张又一张的照片，欣赏一张又一张的照片。首先，我每到一个地方，都会与那里的人拍一张照片，发现他与我们中国人的不同之处，然后再拍一些那里的风景。每个晚上，我都会躺在宾馆床上或船里，看那些照片，数着那些星星，它们总会勾起我的回忆。我还会给每一张风景照片都编一个故事，最后，我回到家后，会把所有的照片都洗出来，做个相册，有空就看一看，想想当时的情景……这真像与一个人同船而行。

一部相机就像是一个朋友，从某种意义上说，它是你自己的东西，因为世上没有两个人会用同一部相机拍同样的照片。

星星的故事

张　凯

夜幕悄悄地降临了，一颗颗美丽的小星星纷纷跳进了银河，把自己洗得亮亮的，洗完澡就去听月亮姐姐给它们讲好听的故事。

在银河的下面，每幢楼房里也闪烁着无数的"星星"，红的、黄的、蓝的……光彩耀眼，十分美丽。

马路边排列着一盏盏路灯，顺着弯弯曲曲的马路，好似一条不见头尾的"长蛇"。一辆辆汽车飞快地驶过，又仿佛一对对流动的"星星"，不过这"星星"的速度却快得惊人。

幽静的田野里，一只只萤火虫提着银白色的小灯笼在田间草丛中飞来飞去，那一只只银白的小灯笼放射出点点银光，给这和平、美丽的星之夜增添了几分活力。

夜慢慢静下来，星星们都进入了甜美的梦乡，等待它们的，将是一个美丽、清新的黎明。

写给人类的一封信

王昊峰

人类朋友们：

你们好！

我是你们的朋友地球，今天我写信来是想求你们一件事。我是你们的好朋友，但你们竟为了自己的利益伤害我。

你们发明的汽车排出的尾气严重污染着空气，导致我天天咳嗽，现在还戴上了口罩。还有，你们过度地砍伐树木，使生活在树上的鸟儿们无家可归，这让我一直掉头发。现在，我的头发快没有了，再也不像以前一样不计其数了。你们还过度浪费能源，我的血液——河流，正在一天一天被污染。这使我病得不轻，现在还躺在医院呢。在化工厂里排出的烟严重地危害着我的生命。你们看见的雨，正是我掉下的眼泪。我整天都在为这些事痛苦，时而还偷偷地掉下眼泪。

今天我给你们写信是想提醒你们，不要继续让事情恶化下去。如果你们不听我的话，我敢肯定你们的城市会被黄沙所覆盖。到时候，你们便会像小鸟一样无家可归，在这个世界上生存不下去。你们会灭绝，我也会病死。请你们快点儿醒悟吧！我没有多大的需求，只希望能快快乐乐地生存下去，这是我最大的心愿。我多么愿意为你们做贡献啊！

好了，今天我们就聊到这里，有机会下次再聊吧！

最后祝你们的城市美丽，人民幸福安康！

你们的朋友：地球

未来的新家

高一舟

在我心中有一幅美丽而神奇的图画，那就是我未来的新家。

我未来的新家建在碧绿如茵的草地上，楼前的不远处是一片松树林。只要一有风吹动松树，我便可以听到松树动人的歌声。

家里的大门是遥控的，只要一按手中的按钮，红色的大门就自动打开了，并播放起好听的音乐欢迎我们回家。穿过长满绿草的网球场，首先看到的是雪白的墙壁、红色的窗户，好像童话故事里的场景。

我的新家很大，有大大小小二十多个房间，每个房间里都布置得非常别致。这些房间区分得很清楚，功能齐全，有客厅、厨房、游戏室、书房、储藏室等。每个房间里都有一台电脑，用来控制这个房间里的设备，这种新式的电脑只有手掌那么大，全部都是遥控的，用起来方便极了。我想去厨房倒杯咖啡喝，只要在客厅里按一下遥控器，等我走到厨房的时候，咖啡就已经泡好了。

时代在发展，人类在进步，只要我们从小立志、目光远大、勤奋学习，未来的创新发明家必定属于我们，我坚信，这一切在不久的将来都能实现。

野猪的启示

杨书奇

在一次战争中，一支军队想使用毒气弹消灭对手。毒气弹散发出的有毒气体杀死了许许多多的人与动物。战争结束后人们发现，在战场上只有一种动物生还，这种动物就是野猪。

为什么只有野猪没有被毒气弹杀死呢？科学家们费了很大的力气才揭开了答案。原来野猪的嗅觉十分敏锐，当它们闻到让自己难受的气味时，就会把鼻子埋进泥土里。毒气进入泥土时会被过滤掉，野猪就只会闻到泥土的芳香了，其他动物没有这个本事，因此就只有野猪活了下来。

科学家们了解到其中的奥秘后，就想能不能制造出一种可以防毒气的东西呢？他们立即开始研制和实验，经过不懈的努力，防毒气的"法宝"——防毒面具问世了。

类似这样的例子很多，比如人们根据鲸鱼的特性发明了潜水艇，仿照鸟儿发明了飞机，受植物光合作用的启示发明了太阳能板……这样的例子数不胜数。大自然就像我们的老师，我们要虚心地向这位老师学习那取之不尽、用之不竭的知识。